Paul Enghofer

Bayerische Schmankerl
aus Altbayern und Bayerisch-Schwaben

Cormoran

Die Rezepte sind für vier Personen gerechnet.
Wenn Rezepte für mehr oder weniger Esser gedacht sind, so ist es extra angegeben.
Für Nichtbayern sei noch vermerkt, daß ein Pfund 500 Gramm hat.
Wir wissen zwar, daß diese Mengenangabe nicht mehr modern ist, aber in Bayern wird sie
nicht umzubringen sein.

Abkürzungen: EL bedeutet Eßlöffel
                        TL bedeutet Teelöffel

Der Cormoran Verlag ist ein Unternehmen der Verlagshaus Goethestraße GmbH & Co. KG
© 1999 Verlagshaus Goethestraße GmbH & Co. KG, München
Nachdruck – auch auszugsweise – nur mit Genehmigung des Verlags.
Die Originalausgabe erschien 1989 im Südwest Verlag, München
© 1989 Südwest Verlag GmbH & Co. KG, München

Fotos: Kurt Sattelberger, Füssen
Umschlaggestaltung: Heinz Kraxenberger, München
Printed in Germany

ISBN 3-517-09030-1

INHALT

6 Vorwort

7 Suppen

16 Fleisch
17 Schwein · 25 Sulzen
26 Rind · 32 Kalb
37 Kitz und Lamm
42 Sondermischungen
46 Bluats-Sauerei

51 Aus'm Wald

64 Geflügel

76 Fisch

90 Zukost

100 Mehlspeisen

119 Hefeteiggebäck

131 Schmalzbachenes

142 Verzeichnis der Rezepte

Lieber Leser,

„Ein zuckersüßes Rammerl aus der Strudelrein', dös is a richtig's Schmankerl!"
hat mir einmal ein niederbayerischer Wirt gesagt, während er mit den spitzen
Gabelzinken die angelegten Krusten aus der Bratreine herauskratzte und sie
dann zwischen den Zähnen krachen ließ. „Philologisch" gesehen hat er recht
gehabt, denn nach Andreas Schmellers berühmtem „Bayerischen Wörterbuch"
ist ein „Schmänkelein" das, „was vom Brey oder Muß ans Geschirr anbrät".
Wenn wir dagegen heute ein Gericht liebevoll als Schmankerl bezeichnen, dann
meinen wir selten Krusten und „Rammerl", sondern eher kulinarische Besonderheiten, Speisen, die sich aus dem Einerlei der Alltagsküche herausheben und
besonders gut schmecken.

Sie sind überall bekannt und beliebt, besonders auch nördlich des „Weißwurst-
äquators". Dort hat aber so mancher eine enge Vorstellung sowohl von dem,
was die Kultur unseres schönen Landes betrifft, als auch davon, was die
bayerische Küche ausmacht. – Doch was heißt hier „Küche". „Küchen" muß es
heißen, denn die Landesteile und Regionen des Freistaates haben alle ihre
eigenen kulinarischen Besonderheiten und Höhepunkte, auch wenn man aller-
orts die bayerischen „Klischee-Schmankerl" auf den Tisch bringt. – Nichts gegen
die Weißwurst, die Schweinshaxn mit Reiberknödel und den Leberkas! Es wäre
nur falsch zu glauben, in Bayern gäbe es nichts anderes Gutes, denn so wie die
bayerische Landschaft keine „Monokultur" ist, so wird auch in den altbayeri-
schen, schwäbischen und fränkischen Küchen kein langweiliger Einheitsbrei
gekocht.

Als „Haferlgucker" des Bayerischen Fernsehens konnte ich mich auf zahlreichen
Reisen zu Bäuerinnen, Hausfrauen und Hotelköchen von der Vielfalt der Kost in
den verschiedenen Landesteilen überzeugen. Ich möchte Ihnen in diesem Buch
die Rezepte zu den schönsten und besten Gerichten verraten, welche die
altbayerische und schwäbische Küche zu bieten hat. Wir wollen also auf unserer
gemeinsamen kulinarischen Exkursion die Donaubrücken nach Norden hin nur
selten überschreiten. Das hat einen einfachen Grund: Es gibt so viel Gutes bei
uns, und weil sich nicht alles auf einmal sagen läßt, widmen wir den Oberpfälzern
und Franken ein eigenes Buch.

Paul Enghofer

SUPPEN

Der Suppenkaspar war kein Bayer

Die Geschichte vom Suppenkaspar hätte sich nie in Bayern abspielen können. Erstens hätte die Mutter dem Kaspar sofort eine geschmiert für sein antiautoritäres „Ich esse meine Suppe nicht", zweitens hätte der Kaspar gar keinen Grund gehabt zum Aufbegehren. Denn eine bayerische Hausfrau und Mutter setzt ihrem Buben keine solche Brühe vor, daß er in den Hungerstreik treten muß.

Bei uns waren die Suppen schon immer nicht nur eine sättigende Notwendigkeit, sondern eine raffinierte Köstlichkeit. Man hatte immer eine gute Fleischbrühe und zum andern ganz besonders feine Einlagen, die zwar viel Arbeit, aber auch Hochgenuß brachten. Diese Nockerl, Knödel, Panadel, die Pavesen, Schöberl und Spätzle sind schon eine eigene Kochkunst für sich. Großen Wert legte man auch auf eine starke Rindssuppe, und die bekam man dadurch, daß Fleisch und Knochen kalt zugesetzt wurden, so daß alle Kraft in die Brühe ging. Das Suppenfleisch selbst wurde bloß noch zu zweitrangigen Speisen wie Salat oder Füllungen hergenommen oder zu Kleinspeisen wie etwa Pf(l)anzl verwendet.

Kressesuppe – Sauerampfersuppe ▷

60 g Butter
2 Schalotten, feingewiegt
1 l Wasser
400 g Brunnenkresse
⅛ l Rahm
20 g Butter
Salz, Pfeffer
½ Suppenwürfel

Die Brunnen- oder Bachkresse hat eine entfernte Verwandte, nämlich die Gartenkresse. Sie wird aber meist im Treibhaus gezogen und nimmt sich im Verhältnis zum Naturgewächs am Wasser aus wie eine bleichsüchtige Stadtmadam zu einer prallen Bauerndirn. Bei unserem Rezept ist ab jetzt aber bloß noch von der „Brunnkress" die Rede. Man findet sie schon Ende Februar am Rand von kleinen Bacherln oder Gräben und auch an Stellen, wo Wasser von einer undichten Dachrinne herabtropft. Gelernte Spaziergänger kennen die Plätze und verraten sie ebensowenig wie die Schwammerlsucher die ihren. Die Kresse blüht Mitte Mai und schmeckt ab da bitter. Drum sollte man diese Suppe vorher machen.

Zuerst schwitzt man feingewiegte Schalotten in Butter glasig und gießt nach und nach Wasser zu. Wenn davon ein Liter im Tiegel ist, gibt man die gezupften Brunnkressblätter dazu, läßt sie 2 Minuten aufkochen und zerkleinert sie dann mit dem Pürierstab. Das geschieht am Herdrand oder bei reduzierter Hitze. Denn es kommen frischer Rahm und ein paar Butterflocken hinzu. Da darf die Suppe bloß mehr köcheln. Abgeschmeckt wird mit Salz, weißem Pfeffer und einem halben Suppenwürfel.

Anstelle von Kresse kann man auch Sauerampferblätter verwenden.

Gründonnerstags-Suppe

50 g Butter
2 EL Mehl
100–125 g frische Kräuter, feingewiegt
1¼ l Wasser
etwas Salz
2 EL Rahm
2 alte Semmeln, gewürfelt und geröstet

Sie wird auch „Kräutlsuppe" genannt. Unter Kräutl versteht man vor allem frischen Kerbel, und der sollte bei dieser Suppe auch vorherrschen. Zusätzlich kann man, je nach Geschmack und Angebot, Kresse, Petersilie und Schnittlauch, aber auch junge Blätter vom Löwenzahn, Sauerampfer, der Brennessel oder Spinat verwenden. Diese Suppe ist eine richtige Frühjahrs-Vitaminkur.

Im Suppentopf stellt man aus Butter und Mehl eine weiße Einbrenne her, gibt ein Drittel der feingewiegten Kräuter hinzu und läßt sie kurz dünsten. Dann wird mit dem lauwarmen Wasser aufgegossen, gesalzen und das Ganze einige Minuten gekocht. Erst jetzt kommt der (größere) Rest der Kräuter dazu, der nun nicht mehr kochen, sondern nur noch ziehen darf. Nur so bleibt die grüne Farbe der Kräuter erhalten. Zum Schluß wird noch mit etwas Rahm abgeschmeckt. In die Teller gibt man geröstete Semmelwürfel und gießt die Suppe darüber.

Niederbayerische Hochzeitssuppe

(20 Personen) ▷

Leberknöderl:
8 Semmeln, in Scheiben geschnitten
⅜ l Milch
2 Eier
Salz, Pfeffer, Majoran
Schale von ½ Zitrone, abgerieben
250 g Rindsleber, durch den Wolf gedreht
100 g Mehl
1 Zwiebel, gewürfelt
50 g Butter
1 Sträußl Petersilie, gehackt
Backfett

Schöberl:
3 EL Butter
6 Eier, getrennt
Schale von ½ Zitrone, abgerieben
6 EL Mehl
1 Prise Salz

Brätknöderl:
400 g weißes Brät
3 Eier
100 g Semmelbrösel
Salz, Pfeffer, Muskat

Diese „Einleitung" zu einem Hochzeitsessen wird im Gasthof Bimmesmeier in Kößlarn aufgetischt. Da kann man freilich nicht mit einem „Vier-Personen-Rezept" aufwarten. Für den „Hausgebrauch" können Sie ja beliebig Mengenteilungen vornehmen.

Für die Leberknöderl werden die Schnitten von 8 Semmeln in heißer Milch eingeweicht und eine Viertelstunde in Ruhe gelassen. Dann mengt man die Eier, die Gewürze und die Rindsleber dazu, außerdem noch Mehl und zur Geschmacksverbesserung in Butter abgeröstete Zwiebelwürfel mit gehackter Petersilie. Die kleingedrehten Knödeln werden in Pflanzenfett braungebacken und müssen anschließend in einer Fleischbrühe eine Viertelstunde ziehen.

Zum Schöberlteig werden Butter und nacheinander 6 Eidotter gut verrührt und das Ganze mit Salz und Zitronenschale gewürzt. Dann siebt man drei Eßlöffel Mehl darüber und hebt den Schnee von 3 Eiern darunter. Dieses wiederholt man noch einmal. Man gibt den Teig in eine Schöberlform und bäckt ihn im Rohr bei 200 Grad eine Viertelstunde.

Die Brätknöderl macht man aus Kalbsbrät, das man sich vom Metzger holt. Es werden Eier und Semmelbrösel hinzugemischt, mit Salz, Pfeffer und Muskat gewürzt und mit dem Löffel Knöderl oder Nocken herausgestochen. Sie müssen in Fleischbrühe 5 Minuten kochen und dann ebensolange ziehen. Ähnlich ist die Schwäbische Hochzeitssuppe zusammengesetzt. Backerbsen und Brätknödel sind immer dabei, manchmal auch Pfannkuchen (Flädla).

Lebernocken- und Leberspätzlesuppe

1 EL Butter
2 Eier
½ Zwiebel, gehackt
2 EL Petersilie, gehackt
1 Tasse Semmelbrösel
125 g Rindsleber, durch den Wolf gedreht
Salz, Pfeffer
Zitronenschale, abgerieben

Die angegebenen Zutaten werden gut miteinander verrührt und mit Salz, Pfeffer und Zitronenschale herzhaft gewürzt. Den Teig läßt man eine Viertelstunde ruhen, dann sticht man mit dem Löffel Nockerl heraus, die man in der Fleischbrühe 10 Minuten köcheln läßt. Leberspätzle entstehen, wenn man den Teig durch ein entsprechendes Sieb in kochende Fleischbrühe drückt. Sie sind dann in fünf Minuten fertig.

Aufgeschmalzene Brotsuppe

1 l Suppe
Salz, Pfeffer
Knoblauchgranulat (nach Belieben)
1 TL Kümmel
1 EL Majoran
250 g Zwiebelringe, halbiert
75 g Schweinefett
50 g Butter
ca. 100–150 g Hausbrot
Petersilie oder Schnittlauch, gehackt

Zunächst braucht man eine Suppe. Woher man sie nimmt, ist gleich. Es kann eine Fleischbrühe sein, ein Knochensud oder eine Würfel-Bouillon. Sie wird für dieses Gericht noch zusätzlich gewürzt und mit Salz, Pfeffer und nach Belieben mit etwas Knoblauchgranulat abgeschmeckt. Den Geschmack bestimmen sollen aber Kümmel und Majoran; also mit diesen Gewürzen nicht zu sparsam umgehen! Man läßt die Suppe zunächst gut aufkochen und dann leise dahinbrodeln, bis sie benötigt wird. In der Pfanne schmalzt man nun die Zwiebelringe auf, und zwar in einem Gemisch aus Schweinefett und Butter. Das läßt auch bei starker Hitze die Zwiebeln kaum anbrennen und verleiht ihnen eine schöne dunkelbraune Farbe.

Jetzt schneidet man altes Schwarzbrot in feine Scheiben, gibt sie in eine tiefe Schüssel, schüttet die Suppe darüber und deckt kurz zu. Erst danach rührt man die Zwiebeln und das in der Pfanne verbliebene Fett darunter und streut gehackte Petersilie oder Schnittlauch darauf.

Die Wirtin der Brauerei-Schänke in Aying bei München, Inge Beisensteiner, von der dieses Rezept stammt, schwört darauf, daß die „aufg'schmalzene Brotsuppen" jeden verdorbenen Magen wieder herrichtet. Für besonders g'schleckige Stammgäste muß sie noch eine heißgemachte Leberwurst in die Suppe rühren.

Markknöderl zur Suppe

100 g Knochenmark
1 Eidotter
125 g Grieß
Salz, Muskat
Zitronenschale, abgerieben
Suppengrün, gehackt

Leicht erwärmtes Mark aus Rinds- oder Kalbsknochen rührt man schaumig und gibt Eidotter, Grieß, Gewürze, Zitronenschale und Suppengrün daran. Nach dem Verrühren läßt man die Masse etwa 20 Minuten quellen und sticht dann mit einem kleinen Löffel Knöderl ab, die in der leise kochenden Suppe 10 bis 15 Minuten garziehen müssen. Die Knöderl werden etwa doppelt so groß und müssen bis in den Kern hinein durchgekocht und zart sein.

Ein paar Spezialisten

Käsesuppe

50 g Butter
40 g Mehl
1 l Fleischbrühe
200 g Emmentaler, gerieben
Salz, Pfeffer
Muskat
1 Eidotter
3 EL Rahm
1 Semmel, gewürfelt und
geröstet

Da haben sie sich schon die Köpfe heiß geredet, ob sie „helle Einbrenne" oder „Mehlschwitze" heißt, jenes Gemisch aus Fett und Mehl, das man mit dem Kochlöffel oder Schneebesen auf dem heißen Tiegelboden verrührt und zur gewünschten Farbe bringt. Einig aber ist man sich darüber, daß dieser Mehlpapp mit kalter Flüssigkeit abgelöscht werden muß, weil sich sonst viele kleine Batzerl bilden, die sich während der ganzen Kocherei hartnäckig behaupten. Für die Käsesuppe hat der Wirt von der „Illerbrücke" in Martinszell eine Rindsbrühe hergenommen, weil sich die, wie er meint, am besten mit dem Emmentaler verträgt. Schließlich kommen ja auch beide aus demselben Stall. Der geriebene Käse wird in die bereits heiß gewordene Brühe gestreut und alles unter ständigem Rühren gut durchgekocht. Abgeschmeckt wird mit Salz, Pfeffer und Muskat. Zum Schluß verfeinert man die Suppe mit Rahm, in dem ein Eidotter verquirlt wurde. Vor dem Servieren gibt man obenauf noch abgeröstete Brotwürferl.

Allgäuer Brezensuppe

½ Pfund Rindfleisch
2–3 Markknochen
Suppengewürz
1 l Wasser, Salz
4 Brezen, in Scheiben
geschnitten
1 Zwiebel, feingehackt
50 g Butter
40 g Käse, gerieben
Schnittlauch oder Petersilie zum
Bestreuen, nach Belieben

Diese Suppe ist eine Wohltat für einen verkorksten Faschingsmagen. Wem's pressiert, der möge zwar einen Suppenwürfel auflösen und Brezen einbrocken; wer aber auf ein sättigendes und dennoch leichtes Gericht warten kann, dem sei empfohlen: Das Fleisch wird mit den Knochen, Salz und dem üblichen Suppengewürz kalt zugesetzt. Sobald sich das Fleisch gut schneiden läßt, wird es herausgenommen und kleingewürfelt. Die Suppe passiert man durch, das Fleisch kommt wieder hinzu und kann weiterkochen. Dann röstet man die in Scheiben geschnittenen Brezen in heißer Butter und kleingehackten Zwiebeln ab. Angerichtet wird so: Man gießt die Suppe mit den Fleischwürfeln in die Teller, gibt die aufgeschmalzenen Brezen darüber, streut eine kleine Handvoll geriebenen Käse dazu oder reibt ihn frisch darüber, und schon ist dieser herrliche Mageneinrichter fertig. Geschnittener Schnittlauch darauf oder Petersil erfreut zusätzlich noch das Auge. Wetten: Sobald man den Löffel abgeschleckt hat, denkt man schon wieder ans nächste Faschingsvergnügen?!

Hirgstmillisuppen ▷

¼ l Herbstmilch
2 EL Mehl
1 l Wasser
1 Prise Salz
etwas Rahm nach Belieben

Hier ist eine Übersetzung vonnöten: Herbstmilchsuppe. Sie ist vor allem in Niederbayern im Bayrischen Wald daheim. Aber auch da muß man heute suchen, wenn man in einer Speisekammer noch den Herbstmilchzuber finden möchte, jenen Holzbottich, in dem man saure Milch mit ein paar Weintrauben angesetzt und zum Vergären gebracht hat. Das war sozusagen die Ursubstanz für die Milch-Suppe, die man sich daraus das ganze Jahr über hat zubereiten können. Wer's heute nachmachen will, kann sich mit einem größeren Steingutgefäß behelfen:

In den Topf gibt man saure Milch mit einigen frischen Weintrauben (daher „Herbst"-Milch) und läßt den Inhalt gären. Dabei muß man von Zeit zu Zeit die oberste Gärschicht abschöpfen. Nun kann man immer wieder mit saurer oder süßer Milch nachschütten und verrühren, denn einmal in Gärung gebracht, läßt sich die Herbstmilch da nicht mehr drausbringen. An einem kühlen, aber nicht kalten Ort abgestellt, fühlt sie sich am wohlsten.

Die Suppe wird so zubereitet: ¼ l Herbstmilch verrührt man mit 2 Eßlöffeln Mehl und gibt das in 1 l kochendes Salzwasser (nur eine Prise Salz). Unter ständigem Umrühren läßt man dann noch einmal aufkochen, und die Hirgstmillisuppen ist fertig. Ja, und wenn man sich noch ein paar Salzkartoffeln und Rahm in den Teller tut, dann hat man ein sättigendes, gutes Essen.

Man kann die Hirgstmillisuppen auch kalt essen und im Kühlschrank ein paar Tage aufheben.

Die „Herbstmilch" hat wieder Berühmtheit erlangt durch das gleichnamige Buch der Rottaler Bäuerin Anna Wimschneider. Sogar ein Film wurde zum Thema gedreht.

FLEISCH

Der Bayer ist eine fleischfressende Pflanze

Dennoch unterscheidet er sich von jener in der Botanik, weil er keine Fliegen und Insekten mag. Essen schon gleich gar nicht. Nur ein berühmter Landsmann wäre in dieser Hinsicht bald einmal in Schwierigkeiten geraten: Karl Valentin bestellte sich in einem Berliner Restaurant Rheinischen Sauerbraten. In der Soße schwammen einige Weinbeeren. Sofort beschwerte sich Valentin beim Ober über die vermeintlich toten Fliegen. Als ihm bedeutet wurde, daß es sich da um Rosinen handle, meinte er: „Also, Fliegen wär'n mir lieber g'wesen!" Der Valentin hat scheint's überhaupt so einen Gusto auf ausgefallene Speisen gehabt, sonst wäre er nicht auf jenen gelben Regenwurm gekommen, den er in seinem Ententraum verspeisen wollte. Glücklicherweise wurde er rechtzeitig geweckt.

Ein richtiger Bayer (Valentin war ja gar kein echter) träumt von etwas Handfesterem, von einer Kalbshaxen vielleicht oder daß er eine Ente ißt und nicht ist. Ein Trumm Fleisch ist ihm weitaus lieber als die schönste Kartoffel. „De Erdäpfel san erst guat, wenn's vorher d'Säu g'fressen ham", heißt ein alter Spruch, der bis auf die Zeit der Einführung der Kartoffeln in Bayern zurückgeht. Interessant wäre zu wissen, ob früher das Schweinerne besser geschmeckt hat?

Nach dem Motto: „Wenig braucht's net sein, wenn's nur guat is", sind unsere Fleischrezepte hier immer ein wenig üppig gehalten. Aber sonst wären sie nicht bayerisch. Dafür gibt es gelegentlich auch billigere Fleischspeisen wie Kuttelfleck, Ochsenschwanz, Wadschenkel, Knöcherl oder ein saures Lüngerl. Und: jedem soll's schmecken!

SCHWEIN

Schweinsbraten

2 Pfund Fleisch
Salz, Pfeffer
1 EL Kümmel
½ TL Knoblauchgranulat
1 Zwiebel, in Ringe geschnitten
Wasser

Damit sich aus dem Fleisch eine gute Soße ausbraten kann, sollte man keine mageren Stücke hernehmen. Gut eignen sich Schulter und Halsgrat. Als erstes schneidet man die Schwarte rautenförmig ein (Seitenabstand ½ cm) und reibt dann die ganze Oberfläche mit einer Gewürzmischung aus Salz, Pfeffer, Kümmel und Knoblauchgranulat ein. Mit der Schwartenseite nach unten wird das Fleisch anschließend in die Reine gelegt, in der sich bodenverdeckt bereits heißes Wasser befindet. Das Ganze läßt man bei starker Hitze eine halbe Stunde braten; dann wird das Fleischstück gewendet, wieder etwas heißes Wasser dazugegossen und die Zwiebelringe neben dem Braten verteilt. Die Bratzeit beträgt ab jetzt eine gute Stunde bei 210–220 °C. Man muß öfters mit heißem Wasser aufgießen und den Bratsatz ablösen.

Falsche Wildsau

Beize:
1 l Wasser
½ l Rotwein
¼ l Weinessig
Wurzelwerk, grob geschnitten
Gewürzmischung
1 Zitrone
Fichtenzweige

In den Topf:
2 Pfund Schweinenacken
3 EL Pflanzenfett
1 l Marinade
1 EL Mehl
⅛ l Wasser
1 Stamperl Kirschlikör
⅛ l Rahm, 2 EL Preiselbeeren

Thema: Das Fleisch eines Hausschweins soll den Geschmack einer Wildsau annehmen. Auflösung: Die Schmankerlwirtin Zenta Hutter aus Teising bei Altötting wendet dafür einen „Trix" an, wie sie sagt. So legt sie das Fleisch in eine Beize. Sie besteht aus den oben angegebenen Zutaten. Unter „Wurzelwerk" sind eine Zwiebel, eine Stange Porree und eine halbe Sellerieknolle gemeint. Die Zitrone kommt in Scheiben in die Marinade. Die Gewürzmischung setzt sich aus Lorbeerblättern, rassen Nagerln (Gewürznelken), Wacholderbeeren und Pfefferkörnern zusammen. Die Beize wird mit Fichtenzweigen bedeckt, und wer eine „Oberwildsau" mit Adelsprädikat anstrebt, möge sich Tannenzweige besorgen. An einem kühlen Platz läßt man nun die Marinade drei Wochen lang auf das Hausschweinerne einwirken. Wegen der Fliegen und überhaupt deckt man das Gefäß zu. Dann kann man in Urlaub fahren, wie es die Zenta gemacht hat.
Die Bratzeit ist kurz, weil das Fleisch in der Beize mürbe geworden ist. Sie beträgt bloß eine Stunde. Zuerst läßt man es auf beiden Seiten bei 220 °C scharf angehen, dann wird die Hitze ein wenig zurückgenommen. Aufgegossen wird mit der Marinade. Nach und nach, bis ein Liter verbraucht ist. Selbstverständlich hat man die Beizflüssigkeit durchpassiert. Man möchte ja später nicht auf Körndl beißen oder einen ausgelaugten Zwiebelring „genießen". Bei der Zubereitung der Soße nimmt man das Fleisch aus dem Reindl, stellt es warm und rührt ein Mehlteigerl in den Bratfond. Kirschlikör, Rahm und Preiselbeeren machen aus dem Gericht erst ein Gedicht.

Bierbratl ▷

2 Pfund Schweinehals

Zum Einreiben:
¼ Tasse dunkles Bier
1 Knoblauchzehe
Salz, Pfeffer
15 g Kümmel

Zum Ausbraten:
2 EL Schweineschmalz
2 Zwiebeln, grob geschnitten
2 gelbe Rüben, grob geschnitten
½ l dunkles Bier (auf zweimal)
½ Tasse Wasser

Jeder Niederbayer braucht irgendwann einmal etwas zum „Einreiben". Das kann eine Salm (Salbe) sein, ein Geist, ein Bremsenöl oder irgendein Baaz (Heilerde). Drum braucht man sich gar nicht zu wundern, daß ein guter Schweinsbraten hierzulande auch mit einer Massage aus zwar wenigen, aber wirksamen Ingredienzien bedient wird, ehe man ihn ins Feuer schickt.

Der Schweinehals wird rundum eingerieben mit einer Mischung aus wenig dunklem Bier, einer in Salz zerdrückten Knoblauchzehe und ein paar kräftigen Prisen Pfeffer aus der Mühle. Da drauf verteilt man gleichmäßig das Kümmelgewürz und drückt es ordentlich an, damit es pappen bleibt. So kommt das Fleisch in die Reine und wird in heißem Schweineschmalz auf allen Seiten scharf angebraten. Grob geschnittene Zwiebeln und gelbe Rüben kommen dazu. Wenn das Fleisch Farbe gekriegt hat (Braunstich), gießt man einen Schoppen Dunkles in die Bratreine und schickt alles ins vorgeheizte Rohr. Bei 200 °C brät der Schweinehals nun eine Dreiviertelstunde, wobei man gelegentlich Wasser zugießt, damit nichts anbrennt. Dann erhöht man die Hitze um 10 °C und läßt dem Fleisch noch einmal einen Schoppen Bier zukommen. Das gibt binnen einer Viertelstunde eine würzige schwarze Soße. So schmeckt es den Gästen vom Bergwirt in Aidenbach.

Allgäuer Dorfwirtspfanne

4 Schweinskoteletts
Salz, Pfeffer, Paprika, edelsüß
1 Knoblauchzehe
Mehl zum Wenden
Schweineschmalz
80 g geräuchertes Wammerl, gewürfelt
1 Zwiebel, gehackt
4 mittelgroße, gekochte Kartoffeln, in Scheiben geschnitten
Kümmel, nach Belieben
4 Scheiben Kochschinken
150 g Emmentaler, gerieben

Legierung:
4 Eier
¼ l saurer Rahm
Salz, Pfeffer, Muskat

Die Koteletts werden auf beiden Seiten mit Salz, Pfeffer und Paprika bestreut, mit einer ausgepreßten Knoblauchzehe überzogen und in Mehl gewendet. Man brät sie in Schweineschmalz ungefähr 8 Minuten gut durch und stellt sie anschließend warm.

Damit daraus eine „Dorfwirtspfanne" wird, wie man sie in der Brauerei-Gaststätte „Adler Post" in Rettenberg im Allgäu serviert bekommt, gehören natürlich noch einige Köstlichkeiten dazu. Man läßt in der besagten Pfanne das geräucherte Bauchfleisch aus, schwitzt darin die Zwiebel goldgelb und röstet dann vorgekochte und in Scheiben geschnittene Kartoffeln mit. Wer mag, kann sie auch noch mit Kümmel würzen. Bis sie zu Bratkartoffeln bräunen, macht man noch eine Legierung. Es werden dazu 4 Eier mit gut einem Viertelliter saurem Rahm verkläppert und mit Salz, Pfeffer und geriebener Muskatnuß gewürzt.

Auf die Erdäpfel-Lage in der Pfanne legt man nebeneinander die Koteletts, dann den Kochschinken, übergießt alles mit der Legierung und streut geriebenen Emmentaler darauf. So kommt das Pfanndl einige Minuten ins Bratrohr, bis der Käse geschmolzen ist und oben eine angebräunte Kruste bekommt. Wenn man beim Servieren, so wie in der „Adler-Post" noch eine Schweinsbratensoße rundum gießt, so freut man sich darüber. Und schiagelt schon auf den Feldsalat, der daneben steht. Is des epper nix?

Surfleisch

Man bekommt es heutzutage auch in Bayern nur noch selten. Surfleisch ist nichts anderes als gesalzenes und gewürztes Schweinefleisch, das man in einem Behälter Saft ziehen läßt (pökelt). Diesen Saft nennt man die „Sur". Manchmal kommt es vor, daß das Fleisch zuwenig Eigenflüssigkeit besitzt, die Sur also die eingelegten Fleischstücke nicht bedecken kann. In diesem Fall muß man mit etwas Salzwasser nachhelfen. Das Surfleisch ist die Vorstufe für das „G'selchte" (Bauerngeräucherte), das man vor allem in Niederbayern so herrlich zuzubereiten versteht. Ein gutes, haltbares G'selchtes muß vier bis sechs Wochen in der Sur liegen und mindestens eine Woche im Kamin hängen.

Wenn man also kaum mehr Surfleisch kriegt, warum macht man es sich eigentlich nicht selbst? Ein Kunststück ist's nicht. Freilich soll man sich dazu eine größere Menge an Fleisch kaufen, damit sich's auch rentiert. Wie wär's mit 20 Pfund? Zurechtgeschnitten in Portionsstücke, vom Knochen ausgelöst. Alle Teile vom Schwein eignen sich zum Einsuren mit Ausnahme der Innereien und der Füaßl. Zu dieser Menge braucht man:

20 Pfund Fleisch
½ Pfund Kochsalz
1 Pfund Zwiebeln, geschnitten
2–3 zerdrückte Knoblauchzehen
20 g Wacholderbeeren

Und natürlich ein geeignetes Gefäß, in das man die Fleischstücke einlegen und aufeinanderschichten kann. Das Surfaßl (der Behälter) sollte mehr in die Höhe als in die Breite gehen und darf innen keinesfalls aus Metall sein. Geeignet sind Holzfässer, Krautzuber, unverletzte Emailtiegel oder Steingutgefäße.

Den Boden des Gefäßes bedeckt man mit einem Teil des abgewogenen Kochsalzes und der geschnittenen Zwiebeln. Dann reibt man die Fleischstücke ringsum mit Knoblauch ein, salzt sie auf allen Seiten und schichtet sie nun in den Behälter. Zwischen jede Lage Fleisch kommt jeweils eine Lage Zwiebeln mit zerdrückten Wacholderbeeren. Das Fleisch wird gut eingedrückt und aufeinandergeschichtet; es dürfen keine großen Zwischenräume entstehen. Obenauf kommen wieder Salz, Zwiebeln und Wacholderbeeren. Darauf legt man einen passenden Holzdeckel und beschwert ihn mit einem Gewicht (Stein). Schon am nächsten Tag merkt man, daß der Fleischsaft hochsteigt; nach spätestens drei Tagen muß die Sur das Fleisch bedecken. Tut sie es nicht, kocht man Salzwasser auf, läßt es erkalten und gießt es dazu. Das Surfleisch stellt man kühl (Keller). Schon nach einer Woche kann man sich sein erstes Surbratl zubereiten, also einen Schweinsbraten aus Surfleisch. Dabei braucht man das Fleisch nicht mehr zu waschen; alles, was beim Herausnehmen an Sur dran hängenbleibt, gehört auch in die Bratreine. Ansonsten verfährt man wie beim Schweinsbraten, sollte aber bedenken, daß das Fleisch durch den Survorgang schon weicher geworden ist als frisches Fleisch. Die Bratzeit ist also kürzer. Der Inhalt des Surbehälters sollte nach etwa sechs Wochen verbraucht sein, sonst wird das Fleisch zu scharf, und man muß es dann vor dem Braten waschen.

In Niederbayern macht man sich gern ein „Erdäpfel-Surbratl". Eine halbe Stunde bevor der Braten gar ist, schneidet man rohe Kartoffelscheiben in die Soße.

Kleine Ferkeleien

Spanferkel

So ein rösches Spanferkel ist nicht nur ein Hochgenuß, sondern auch ein Stück saftiges Altbayern. Man kriegt es das ganze Jahr, wenn man es kriegt, denn wer macht schon so einem rosigen Viecherl den Garaus, wenn eine gewichtige Großsau daraus werden kann. Aber gelegentlich geht schon so ein g'schleckiger Wunschtraum in Erfüllung. Man braucht nicht viel dazu:

1 Spanferkel
Salz, Pfeffer
¼ l Bier
Fett zum Bestreichen

Das sauber geputzte Ferkel wird innen mit Salz und Pfeffer eingerieben, außen nur gesalzen und am besten mit einem langen Holzspan gespannt, das heißt, daß man ihm das Rückgrat stärkt, indem man es durch einen langen Span vom Maul bis zum Schwanzl vor dem Zusammenfallen bewahrt. Dann heizt man die Bratröhre etwa ¼ Stunde vor, legt noch einige Holzspäne quer über die große Bratrein, gibt das Säulein darauf und schiebt es in die Hitze des Bratrohrs. Es wird gelegentlich mit Salzwasser, dem abgetropften Fett und dem Bier übergossen. Die entstehenden Blasen der zarten Haut sticht man dabei auf. Je nach Größe braucht es 2 bis 3 Stunden. Wenn Bratrein und Bratrohr zu klein sind, kann man das Ferkel auch beim Bäcker oder beim Wirt braten lassen. Es muß goldbraun, rösch und saftig sein. Als Beilage gibt es Kartoffelsalat oder Krautsalat sowie Semmel-knödel als Soßenschlucker. Beim Wasner in Birnbach gibt es dieses Gericht jede Woche.

Krenfleisch

2 Schweinshaxen oder
800 g Schulterfleisch
3 Zwiebeln, in Ringe geschnitten
100 g Sellerie, in feine Streifen
geschnitten
3 gelbe Rüben, in feine Streifen
geschnitten
1 Dutzend Wacholderbeeren
½ TL Salz
¼ l Weinessig
1 Strauß Petersilgrün, gehackt
2 Lorbeerblätter
1 kleine Krenwurzel

Das Fleisch in vier Portionen teilen und so lange aufkochen lassen, bis sich auf der Oberfläche der Flüssigkeit brauner Schaum bildet. Dieser besteht aus gerinnenden feinen Eiweißteilchen und sollte abgeschöpft werden, weil er die Kochbrühe trübt. Man kann aber auch – und das geschieht in der Praxis häufig – das Fleisch herausnehmen und in einem anderen Gefäß mit reinem, aber bereits heißem Wasser weiterkochen. Hinzu kommen Zwiebelringe, Sellerie und gelbe Rüben – in Streifen (Julienne sagt der „geho-bene" Koch) –, eine Handvoll Wacholderbeeren, zwei Prisen Salz und mindestens ein Viertelliter kräftiger Weinessig. Erst gegen Schluß der Kochzeit (1 Stunde, Kochlöffel zwischen Topf und Deckel) gibt man gehackte Petersilie und Lorbeerblätter hinzu. Und jetzt reiben Sie eine kleine Stange frischen Kren (Meerrettich: kommt von „mährrischer Rettich"). Der kommt beim Servieren als Haube über das Fleisch, das mit den Gemüse-streifen und viel Suppe in tiefen Tellern serviert wird. Dazu passen Salzkartoffeln.

Saure Nierndl   ▷

4 Schweinsnieren
etwas Mehl
2 Zwiebeln, in Ringe geschnitten
Fett
etwas Essigwasser
½ Tasse saurer Rahm
½ Tasse Fleischbrühe

Man muß die von allen Strängen befreiten Nieren eine halbe Stunde wässern, ehe man sie in dünne, aber immerhin noch „bissige" Scheiben schneidet, die man leicht mit Mehl bestäubt. In einer großen Pfanne schwitzt man die Zwiebelringe an, gibt die Nieren dazu und schwenkt alles zusammen einige Minuten gut durch. Wenn die Schnitten nicht mehr blutig sind, wird mit leichtem Essigwasser (Geschmackssache) aufgegossen, dann alles noch mit saurem Rahm und gut abgeschmeckter Fleischbrühe verfeinert. Mehr als 6 Minuten dürfen die Nieren nicht köcheln, sonst werden sie hart.
Das gleiche gilt für Kalbsnieren.

Saures Lüngerl

1 Schweinslunge
1 Schweinsherz
1 Schweinskron

Beize:
Wasser
⅛ l Essig
Wurzelwerk
Gewürzmischung

Einbrenne:
100 g Schweineschmalz
3 EL Mehl
3 Tassen von der Beize
1½ l vom Sud

Lunge, Herz und das Kronfleisch werden in Salzwasser gut eine Stunde gekocht, nach dem Erkalten in Streifen geschnitten und in eine Beize getan. Diese besteht aus so viel Wasser, daß die Innereien gut bedeckt sind, etwas Essig, einer mit 3 Nelken besteckten Zwiebel, einem Lorbeerblatt, Pfefferkörnern, einem Stück Lauch, Sellerie und einer Petersilwurzel. Die Hautlappen vom Schweinskron sollte man nicht mitverwenden, den Absud aufheben. Das Lüngerl bereitet man nämlich erst am nächsten Tag zu.
In einem Tiegel macht man eine braune Einbrenne und löscht mit Beizflüssigkeit ab. Wenn alles glatt verrührt ist, gießt man das Kochwasser hinzu (wenn man beim Kochen so viel genommen hat, daß das Fleisch bedeckt war, braucht man es ganz) und läßt alles gut kochen. Zum Schluß wird das Geschnittene aus der Beize eingerührt und alles heiß gehalten. Dazu gibt's Semmelknödel oder Salzkartoffeln. Auf der „Post" in Bayerbach hat die Wirtin kleingehackte Schweinsfüaßl mitgekocht. Für die „Fiesler".

Schweinshaxen

2 hintere Haxen
Salz, Pfeffer
1 EL Fett
1 Zwiebel
Bier

Die Schwarte der sauber geputzten Haxen wird mit einem scharfen Messer in kleine Rauten eingeschnitten, dann reibt man die Stücke rundum gut mit Salz und Pfeffer ein. Sie werden in die Reine zu zerlassenem Fett gelegt und eine halbe Stunde bei größter Hitze angebraten. Danach gibt man die Zwiebel dazu und brät die Haxen unter mehrmaligem Wenden und Begießen mit heißem Wasser ca. 1¾ bis 2 Stunden bei 220 °C. Ganz zum Schluß erhöht man die Temperatur kurze Zeit auf höchste Stufe, übergießt die Bratenstücke mit dunklem Bier und läßt die Ofentüre dann einen Spalt weit offen.

Schwein auf fein

Schweinsmedaillons in Bier-Kümmel-Soße

4 Medaillons aus dem Filet
Salz, Pfeffer
Mehl
½ TL Öl
1 TL Butter

Soße:
1 nußgroßes Stück Butter
1 Knoblauchzehe,
feingeschnitten
½ TL Kümmel
4 cl dunkles Bier
1 Tasse braune Soße
etwas Pfeffer aus der Mühle
1 kleine Prise Salz
1 EL Butter

Die 4 bis 5 cm dicken Stücke aus dem Filet mit der Faust etwas drücken, beiderseits leicht würzen und in Mehl wenden. In der Pfanne bodenbedeckt Öl erhitzen, Butter dazugeben und zerlaufen lassen, das Mehl von den Medaillons abklopfen und diese auf jeder Seite 3 bis 4 Minuten braten, ohne daß die Butter verbrennt. Das Ölgemisch weggießen und die Medaillons warm stellen.

In derselben, noch heißen Pfanne ein Stück Butter zerlaufen lassen, Knoblauch und Kümmel dazugeben, mit dunklem Bier ablöschen und einkochen lassen. Danach gibt man eine Tasse braune Soße hinzu, die man aus intensivem Einkochen von Knochen gewonnen hat. Eckart Witzigmann, Chef der „Aubergine"-Küche in München, rät als Ersatz dafür zu übriggebliebener Schweinsbratensoße. Abschmecken mit Pfeffer aus der Mühle und Salz. Ein Stück Butter einrühren, die Soße über die Medaillons passieren.

Schweinslende im Brotmantel

2 Pfund Schweinslende
2 Pfund Schwarzbrotteig
6 Pfund Zwiebeln, geschnitten
200 g Butter
Salz, Pfeffer, Kümmel
etwas Mehl

Man besorgt sich beim Bäcker Schwarzbrotteig. Dann dünstet man die Zwiebeln in der Butter glasig und läßt sie abkühlen. Der Schwarzbrotteig wird auf einer gut bemehlten Arbeitsfläche ausgewalkt. Er soll etwa daumendick werden und so lang und breit, daß man das Lendenstück schön einwickeln kann. Auf diesen Teigmantel verteilt man die abgekühlten Zwiebeln. In die Mitte legt man das Fleisch, kräftig gewürzt mit Salz, Pfeffer und viel ganzem Kümmel. Einrollen und, wo nötig, gut andrücken und bei 200 Grad im Rohr eine Stunde backen. „Zu den 7 Schwaben" in Oberstdorf steht dieses Schmankerl oft auf der Karte.

SULZEN

Auf den Speisenkarten steht oft „Sülze" oder „Aspik"; in Bayern aber heißt sie Sulz und gehört in den Suppenteller. Man kennt sie als Knöcherlsulz, als Fleischsulz oder als Bratensulz (Tellersulz). Am besten schmeckt sie an heißen Sommertagen im kühlen Wirtsgarten, aber man kann sie das ganze Jahr über zubereiten, denn die Zutaten gibt es beim Metzger zu jeder Zeit. Ganz frisch natürlich an den Schlachttagen. Die Sulz selber ist eigentlich nichts anderes als der Absud von den leimhaltigen Teilen von Kalb und Schwein. Das sind beim Kalb die Füße, vom Schwein ebenfalls die Füße, die Schwarten, der Rüssel, die Ohren und das Schwanzl. Der Sud von diesen Teilen stockt nach dem Erkalten, er „sulzt sich", wie man in Bayern sagt.

Knöcherlsulz

4 Schweinsfüße
1 Schweinsohr
1 Rüssel
1 Schwanzl

Sud:
¼ l Essig
½ TL Salz
10 Pfefferkörner
2 Zwiebelhälften
4 Nelken
1 Lorbeerblatt
1 Zitronenscheibe
Zwiebelringe und Petersilie zum Garnieren

Am besten läßt man sich die Knochen gleich vom Metzger in kleine Stücke hacken (ein Füßl einmal lang und einmal quer durch), alles andere kann man sich daheim mit dem Messer entsprechend kleinschneiden. Die gewaschenen Stücke werden in so viel kaltem Wasser zugesetzt, daß alle Fleischteile gut bedeckt sind. Essig, Salz und Pfefferkörner werden sofort beigegeben, die mit Nelken besteckten Zwiebelhälften, das Lorbeerblatt und die Zitronenscheibe kommen erst nach einer Stunde Kochzeit in den Sud. Damit man eine ziemlich klare Suppe erhält, soll man nicht stark aufkochen, sondern nur leise dahinbrodeln lassen. Sobald sich das Fleisch von den Knochen leicht ablösen ließe (was man nicht tut), schmeckt man die abgeseihte Brühe ab und läßt sie so weit erkalten, daß man die sich oben bildenden Fettaugen abschöpfen kann (sofern man will).
Die Knöcherl und Fleischteile gibt man nun in tiefe Suppenteller und gießt die Brühe darüber, bis sie bedeckt sind. Garniert wird mit Zwiebelringen und Petersilie.

Ausgelöste Knöcherlsulz

Viele Leute mögen das Knöcherlfieseln bei Tisch nicht, zu dem man oftmals die Finger hernehmen muß. Aber solch „foinen" Menschen kann geholfen werden. Wenn die Zutaten nämlich lange genug gekocht haben (s. Rezept Knöcherlsulz), löst sich das Fleisch leicht von den Knochen, was man in diesem Fall besorgt. Man übergießt also nur die ausgelösten Fleischteile mit der Brühe!

Bratensulz

Die Brühe hierzu wird genauso gewonnen wie bei der Knöcherlsulz (s. diese). Da man aber in diesem Fall die für den Sud benötigten Fleisch- und Knochenteile nicht essen will, braucht man hier nicht unbedingt solche Liebhaber-Bissen wie Rüssel oder Schwanzl mitkochen. Dafür lieber einen Kalbsfuß oder Schwarten. Wer eine ganz klare Sulz erhalten möchte, soll die Brühe nach dem Entfetten noch einmal erwärmen, halbsteifgeschlagenen Schnee von zwei Eiweiß und eine fein zerriebene Eierschale darunterrühren, kurz aufkochen lassen und dann kurz zugedeckt kalt stellen. Jetzt hat sich oben eine Eihaut gebildet, die ziemlich alle Unreinigkeiten an sich gezogen hat. Man schöpft sie ab und sieht dann darunter schon die klare Brühe. Mit ihr übergießt man nun die im Suppenteller angerichteten Bratenteile und Beilagen wie Scheiben von Eiern, Essiggurken und Tomaten, Zwiebelringe und ein Sträußl Petersilie.

Fleisch- oder Tellersulz

Sie wird genauso zubereitet wie Knöcherlsulz. Allerdings kocht man ein Stück Schweinernes mit, das dann, auf Suppenteller verteilt, mit der Sulzbrühe übergossen wird. Beilagen und Verzierungen wie bei der Bratensulz.

RIND

Bein- und Tellerfleisch

2 Pfund Suppenfleisch
2 Sträußl Suppengrün, grob geschnitten
Salz, Pfefferkörner
1 Zwiebel, halbiert
Schnittlauch, feingehackt

Dazu wählt man zwischen Brustkern, Zwerchrippe, Wadschenkel oder Schulter aus, legt aber in diesem Fall weniger Wert auf eine kräftige Brühe als Ziel des zweistündigen Kochens, sondern auf ein saftiges Fleischstück zum Essen. Daher wird dieses heiß zugesetzt. Suppengrün und Gewürze kommen jedoch ins kalte Wasser. Man läßt das Fleisch nach dem Herausnehmen noch kurze Zeit ruhen, entbeint es, falls nötig, und schneidet es in Scheiben. Diese werden mit etwas heißer Suppe begossen und mit gehacktem Schnittlauch bestreut. Für ein „Tellerfleisch" werden die Schnitten auf Holztellern serviert. Man gibt dazu geriebenen Kren, Gewürzgurken oder Tomatenviertel. Daneben stehen das Salz- und Pfefferbüchsel und der Brotkorb.

Bœuf à la mode

2 Pfund Rindfleisch vom hinteren
Viertel (Schwanzstück)

Beize:
½ l Wasser
¼ l Wein (weiß oder rot)
¼ l Essig
1 gelbe Rübe
2 Zwiebelhälften
(mit Nelken besteckt)
6 Wacholderbeeren
8 Pfefferkörner
1 Porreestange
1 Petersilwurzel

Kräutermischung:
Dill
Estragon
Petersilkraut
Schnittlauch
Selleriekraut
Liebstöckl (Maggikraut)
Wacholderbeeren
Salbei
Thymian

Zum Braten:
50 g in Streifen geschnittener
Speck oder Speckscheiben
Salz, Pfeffer
50 g Butterschmalz
3–4 Markknochen vom Rind
oder Kalb
ein Stück angebräunte Brotrinde
30 g Mehl
1 gehäufter EL Zucker
Beizflüssigkeit
Schuß Rotwein

Diese Art der Rindfleischzubereitung ist nun wirklich nicht mehr à la mode. Das „Bifflamott" oder „Befflamott", wie es noch vor dem Krieg auf vielen bayerischen Speisenkarten stand, ist aus der Mode. Der Sauerbraten hat es verdrängt. Ehrlich gesagt: es macht zu viel Arbeit. Drum kriegt man heut meist nur noch privat ein richtiges Bœuf à la mode vorgesetzt. Eine Geschäftsfrau aus dem niederbayerischen Eggenfelden, die „vorm Hitler", wie sie sagte, ein bekanntes Hotel auf dem Obersalzberg leitete, zelebriert dieses Gericht auf folgende Art:

Das Fleischstück wird mindestens drei Tage lang in eine Beize, welche die oben angeführten Zutaten enthält, gelegt. Im Sommer muß die Beize aufgekocht werden und kommt nach dem Abkühlen über das Fleisch; in der kalten Jahreszeit kann man das Aufkochen bleibenlassen. Der Porree und die gelbe Rübe werden in Stücke hineingeschnitten.

Nach dem Beizen wird das Fleisch abgetrocknet, gespickt oder mit Speckscheiben umwickelt, gesalzen und gepfeffert und dann in einer Kräutermischung gewendet und fest eingerieben. Wer sich die Kräuter aus dem Garten frisch holen kann, ist gut dran.

Das so vorbehandelte Fleisch kommt nun in den Topf oder in die Pfanne und wird in Butterschmalz angebraten. Dann gibt man die Zwiebelhälften, die Gelbe-Rüben- und Porreestücke aus der Beize hinzu, ebenfalls einige Markknochen und dünstet das Fleisch gut zwei Stunden. Dabei gießt man immer wieder mit der Beizflüssigkeit auf. Diese kann man, wenn sie zu scharf ist, mit Wasser verdünnen. In der letzten Viertelstunde gibt man noch ein Stück in Butter angeröstete Brotrinde an die Soße.

Wenn das Fleisch weich ist, wird es herausgenommen und warm gestellt. Dann staubt man den Fleischsaft und die Markknochen mit gesiebtem Mehl und bräunt zur gewünschten Farbe. Das Mark hat sich inzwischen herausgelöst, und die Knochen können entfernt werden. Die Soße passiert man durch. Jetzt wird mit dem Rest der Beizflüssigkeit aufgegossen, das ganze drei Minuten lang aufgekocht, dann mit Zucker und Rotwein abgeschmeckt. Zusammen mit dem Fleisch läßt man noch 10 bis 15 Minuten ziehen – bis die Semmelknödel fertig sind.

Münchner Siedfleisch-Platte ▷

1½–2 Pfund Ochsenbrust
2–3 große gelbe Rüben
Petersilkraut
1 kleine Knolle Sellerie, halbiert
1 Pfund Markknochen
½ Wirsingkopf
einige Tomaten
2–3 Essiggurken
Salz, Pfeffer
Paprika, edelsüß, nach Belieben

Die Ochsenbrust wird in kochendes Wasser mit den gelben Rüben, dem Petersilkraut, dem Sellerie und den Markknochen gegeben und langsam zart weichgekocht. Kurz bevor das Fleisch gar ist, gibt man noch den halben Wirsingkopf dazu. Dann schneidet man das Fleisch auf und gibt es mit dem Gemüse, nach Belieben auch etlichen Tomaten, Essiggurken und Petersilie auf eine Platte und legt die Markknochen dazu. Man überstreut das Fleisch noch mit Pfeffer oder Paprika. Lassen Sie es sich im Augustiner in der Münchner Neuhauser Straße gut schmecken!

Tafelspitz

2 Pfund Rindfleisch
200 g Wurzelwerk
1 EL Essig
6 Pfefferkörner
1 Messerspitze
Knoblauchgranulat
4 Eidotter
1 Tasse Fleischsud
100 g Butter
1 EL Schnittlauch, feingewiegt

Der Tafelspitz ist ein besonders schönes und saftiges Stück Rindfleisch aus dem Schlegel. Es wird zweieinhalb Stunden in nicht gesalzenem Wasser mit dem feingeschnittenen Wurzelwerk wie Porree, gelbe Rüben, Sellerie und Petersilie gekocht. Für die Soße erhitzt man im Tiegel ein wenig Essig mit zerdrückten Pfefferkörnern und Knoblauchgranulat und läßt dies ziemlich einkochen. Nun gießt man mit Fleischsud auf und rührt nach und nach vier Eidotter dazu. Die Hitze darf nicht zu groß werden, damit das Eigelb nicht gerinnt. Danach läßt man die Masse abkühlen. Ist dies geschehen, arbeitet man am Herdrand weiter. Tröpfchenweise und unter ständigem Rühren gießt man die heiße, zerlassene Butter hinzu, bis sie verbraucht ist. Es wird nur mit feingewiegtem Schnittlauch abgeschmeckt. Diese Soße wird über die Fleischscheiben gezogen. Gut dazu paßt Apfelkren, der aus drei Teilen Apfelmus und einem Teil geriebenem Meerrettich gemischt wird wie im Café Stadler in Augsburg.

Rindfleischsalat

etwa 1½–2 Pfund Reste von
gekochtem kaltem Rindfleisch
1 mittelgroße Zwiebel,
feingeschnitten
Öl, Essig
eventuell 1–2 EL Mayonnaise
etwas Senf
Salz, Zucker, Pfeffer
Schnittlauch, feingewiegt
1 hartgekochtes Ei,
Essiggurken oder Paprikaschote
eventuell 1 Tomate

Das kalte Rindfleisch wird in Streifchen geschnitten und mit der fein aufgeschnittenen Zwiebel, Öl, Essig oder Mayonnaise, etwas Senf, Salz, Zucker, Pfeffer und viel Schnittlauch sehr scharf süßsauer gewürzt. Man kann nach Belieben noch etwas fein aufgeschnittene Paprikaschote daruntergeben. Der Salat wird auf eine Platte getürmt, mit Ei- oder Tomatenscheiben und Zwiebelringen sowie Schnittlauch garniert. Man soll ihn noch eine Weile durchziehen lassen. Probieren Sie ihn einmal beim Bergerbräu in Steinburg bei Straubing.

Ochsenschwanzragout   ▷

2 Pfund Ochsenschwanz
Salz, Pfeffer
1 Pfund Zwiebeln, feingehackt
50 g Schweinefett
100 g geräucherter Speck
(oder Wammerl), gewürfelt
Wurzelwerk oder Grünzeug,
grob gehackt
Fleischbrühe
1 EL Tomatenmark
6 Pfefferkörner
2 Lorbeerblätter
⅛ l Rotwein
1 TL Mehl
⅛ l saurer Rahm

Der Ochsenschwanz wird zuerst gewaschen, dann in Stücke zerteilt, gesalzen und gepfeffert.
Nun dünstet man in einer Kasserolle oder einem breiten flachen Topf die Zwiebeln in Schweinefett und gewürfeltem Räucherspeck an. Wenn sie schön goldgelb sind, kommen das Fleisch und das Wurzelwerk dazu. Nach dem Anbraten gießt man mit etwas Fleischsuppe auf, rührt Tomatenmark daran und läßt das Ganze etwa 2 Stunden zugedeckt dünsten. Während dieser Zeit muß man des öfteren aufgießen, nach Bedarf salzen und Pfefferkörner und Lorbeerblätter beifügen. Die Ochsenschwanzstücke sollen stets leicht mit Flüssigkeit bedeckt sein. Sobald man das Fleisch von den Knochen lösen könnte, gießt man den Rotwein hinzu und staubt mit etwas Mehl. Das Ganze darf nun noch einmal – nicht mehr zugedeckt – aufkochen, dann rührt man den sauren Rahm darunter und stellt den Topf auf Sparflamme. Dazu ißt man Semmelknödel oder Salzkartoffeln. Lassen Sie es sich in den Zeughaus-Stuben in Augsburg gut schmecken!

Kutteln

2 EL Schweineschmalz
4 EL Mehl
1 l Fleischbrühe
1 Pfund Kutteln
12 Wacholderbeeren
12 Pfefferkörner
2 Lorbeerblätter
⅛ l Rotwein
3 EL Essig
Salz, Zucker
1 EL Weinbeerl, nach Belieben

Kutteln stammen vom Rinder-Vormagen. Man kauft sie beim Metzger bereits vorgekocht und nudelig oder feinblättrig geschnitten, daher der Name Kuttelfleck. Zuerst bereitet man im Tiegel aus Schmalz und Mehl eine dunkle Einbrenne, löscht sie mit Brühe ab und rührt alles gut durch. Dann gibt man die Kutteln hinzu und ein Säckchen, das die Gewürze enthält. Das Ganze läßt man eine halbe Stunde kochen. Danach wird der Wein und der Essig dazugegossen, alles mit Salz und Zucker pikant abgeschmeckt und weitere 10 Minuten fertiggeköchelt.
Man kann zusammen mit den Kutteln auch einige Weinbeeren in die Soße geben.
Dazu reicht man Semmeln oder Weißbrot.

KALB

Gefüllte Kalbsnuß ▷

1 Kalbsnuß (ca. 2 Pfund)
½ Pfund Kalbsbrät
125 g Reherl
½ Zwiebel
50 g Butter
½ Tasse Rahm
1 Teelöffel Petersilie, gehackt
Salz, Pfeffer
4 Scheiben grüner Speck (à 80 g)
1 Schweinsnetz
Röstgemüse
1 EL Schweineschmalz
etwas Mehl

Die aus dem Schlegel geschnittene Nuß wird auf ein Schweinsnetz gesetzt, das mit einer Mischung aus Kalbsbrät, in Zwiebel und Butter abgeschmälzten Schwammerln, Rahm, Petersilie und den Gewürzen gleichmäßig bestrichen wurde. Die Nuß selbst ist in zwei Hälften geteilt, aufeinandergelegt und mit der Brätmischung mittendurch und oben gut bedeckt worden. Das Ganze wird mit Speckscheiben überzogen und mit dem Schweinsnetz eingewickelt.

In der Reine wurde inzwischen ein Eßlöffel Schweineschmalz zerlassen; dann legt man die gefüllte Kalbsnuß hinein und schiebt das Ganze ins Rohr. Bei 230 °C muß das Fleisch 1½ Stunden braten.

Das grobgeschnittene Röstgemüse gibt man erst nach einer guten halben Stunde Bratzeit hinzu. Die Nuß wird einmal gewendet. Gelegentlich gießt man mit heißem Wasser auf (insgesamt ¼ bis ½ Liter). Für die Soße passiert man das Röstgemüse durch, verdickt mit einem Mehlteigerl und mischt noch etwas Rahm darunter. Genau so kann man Kalbsbrust zubereiten, eine Spezialität vom Eck-Bräu in Böbrach.

Gebackener Kalbskopf

½ Kalbskopf
2½ l Wasser
½ TL Salz

Suppensach':
1 halbierte Zwiebel
1 Petersilwurzel mit Kraut
2 gelbe Rüben mit Kraut
1 Stange Porree
¼ Sellerieknolle
Salz, Pfeffer

Panade:
Mehl, Eier, Semmelbrösel
Backfett

Der halbe Kalbskopf wird vollkommen enthäutet; das Ohr kommt weg. Dann siedet man ihn 2 bis 2½ Stunden in Salzwasser zusammen mit Wurzelwerk und Grünzeug. Das gibt dem Fleisch einen guten Geschmack. Nach dem Herausnehmen läßt man den Kopf so lange abkühlen, bis man ihn anfassen kann. Mit den Händen werden nun die Fleischteile ausgelöst. Diese großen Brocken müssen dann ganz kalt werden, damit man sie zu mehr oder minder großen Schnitzeln schneiden kann. Diese werden in Mehl gewendet, durch verquirlte Eier gezogen und in Semmelbrösel gedrückt. So werden sie in heißem Fett – Butterschmalz eignet sich besonders gut – auf beiden Seiten schön goldbraun gebacken. Im Gasthaus Schiller in Kühnham im Rottal hat's dazu Preiselbeeren und gemischten Salat gegeben. Außerdem hat man sich das dortige „Nationalgetränk", einen Most, schmecken lassen.

Gebratene Kalbshaxe ▷

1 Kalbshaxe
Salz, Pfeffer
3 EL Butterschmalz
½ Tasse Wasser
1 Zwiebel, halbiert
40 g Sellerie, grob geschnitten
2 gelbe Rüben, grob geschnitten
1 Petersilwurzel, grob
geschnitten
¼ l Fleischbrühe
etwas Zitronensaft
Rosmarin, Basilikum
2 EL süßer oder saurer Rahm

Die enthäutete und mit Salz und Pfeffer eingeriebene Haxe wird in der Reine in Butterschmalz rundum angebräunt und dann im Rohr bei 230 °C 1½ Stunden gebraten. Dabei muß man sie einige Male wenden, mit heißem Wasser übergießen und mit dem Bratsaft beschöpfen. Danach kommen die Zwiebel und die Stücke von Sellerie, gelben Rüben und einer Petersilwurzel dazu. Man schmort das Wurzelwerk 30 Minuten mit. Nach insgesamt 2 Stunden Bratzeit ist die Haxe knusprig braun. Sie wird warm gestellt und eventuell übergrillt. Dann löst man den Bratsaft mit heißer Brühe, schmeckt mit Zitronensaft und wenig Rosmarin und Basilikum ab und verfeinert die Soße schließlich mit Rahm. Zur Kalbshaxe gehören Semmelknödel und Salate. Auch Spätzle passen gut dazu. So kriegen Sie's beim Grafenwirt in Deggendorf.

Altmünchner Kalbshaxe (6 Personen)

1 Kalbshaxe (3–4 Pfund)

Sud:
2½ l Wasser
Salz
¼ l Essig
1 Zwiebel, halbiert
2 Nelken
15 Pfefferkörner
1 Lorbeerblatt
2 Stangen Porree
150 g Sellerie
150 g gelbe Rüben

Die Kalbshaxe wird in kochendes Salzwasser gegeben. Nachdem der Sud wieder aufgekocht hat, schäumt man ihn ab und würzt mit Essig, einer halbierten und mit Nelken besteckten Zwiebel, Pfefferkörnern und Lorbeerblatt. Die Kochzeit beträgt zwei bis zweieinhalb Stunden. Gegen Ende der Garzeit schneidet man Porree, Sellerie und gelbe Rüben in feine Streifen und läßt sie noch ein paar Minuten mitkochen.
Dann löst man die weichgekochte Haxe vom Knochen, schneidet sie einmal der Länge nach durch und tranchiert sie in Scheiben, die mit den mitgekochten Gemüsestreifen bedeckt werden. Angerichtet wird mit Rahmspinat, Karfiol (Blumenkohl) mit Butterbröseln und gedämpften Kartoffeln, die noch mit Petersilie bestreut werden. Fragen Sie in der „Altdeutschen Weinstube" in München danach.

Gebackene Kälberfüaß

8 Kälberfuaßhälften
Salzwasser
Salz, Pfeffer
Zitronensaft
Worcestersauce
Mehl
Eier, verquirlt
Semmelbrösel
Backfett

Die Kälberfüaß vom Metzger in zwei Längsteile schneiden und den Knochen auslösen lassen.
Die Füaßl muß man mindestens zwei Stunden in Salzwasser kochen und dann sogleich in kaltem Wasser abschrecken. Dann werden sie auf beiden Seiten gesalzen und gepfeffert, mit Zitronensaft und Worcestersauce leicht beträufelt und alles gut darauf verrieben. Eine Viertelstunde einziehen lassen. Dann geht's an die Panierung. Man wendet die halbierten Füaßl in Mehl, zieht sie durch verquirlte Eier und wälzt sie in Semmelbröseln. Dann in heißem Fett schwimmend bei 160 °C 5 bis 6 Minuten backen. Nach dem Abtropfen gibt man sie auf den Teller und gießt um sie Schweinsbratsoße. Beilagen: grünen und Kartoffel-Salat und Ranner (rote Rüben).

Kalbsbraten

2 Pfund Kalbfleisch
(Schlegel, Schulter)
Salz, Pfeffer
4 EL Butter
1 Bund Suppensach, grob
geschnitten
½ Zwiebel
¼–⅜ l Fleischbrühe
2 EL Rahm

Das Fleisch wird mit der Salz-Pfeffer-Mischung eingerieben und in ein Bratgefäß gelegt. Dann gießt man die erhitzte Butter darüber, brät das Fleisch rundum an und gibt das Suppengrün hinzu. Sobald das Fleisch Farbe bekommen hat, gießt man etwas Fleischbrühe zu. Die Bratzeit beträgt etwa 1½ Stunden. Währenddessen gießt man bedarfsweise Brühe nach. Die Soße wird abgesiebt, mit Rahm verfeinert und abgeschmeckt. Genau so wird Kalbsnierenbraten zubereitet, dessen Grundsubstanz sich man vom Metzger vorbereiten läßt.

Eingemachtes Kalbfleisch

1½ Pfund Kalbfleisch
2 l Wasser
½ Zwiebel
2 Lorbeerblätter
3 Nelken
10 Wacholderbeeren
1 kleines Stück Sellerie
½ Lauchstange, grob
geschnitten
1 gelbe Rübe, grob geschnitten

Ein schönes Stück Kalbfleisch wird mit den oben aufgeführten Suppenzutaten für eineinhalb Stunden ins kochende Wasser gegeben. Die Soße wird aus einer hellen Einbrenne gewonnen, die man mit Brühe aufgießt und kochen läßt. Dann kommen ein herber Frankenwein, ein Spritzer Zitronensaft und die Gewürze hinzu. Wenn alles gut durchgekocht ist, legiert man mit in Sahne verkläppertem Eigelb und läßt nur noch ziehen. Die Soße wird über die Fleischscheiben gezogen, die so hergeschnitten sind, daß bei vier Essern jeder zwei Stück bekommt. In der „Traube" in Oberstaufen-Thalkirchdorf im Allgäu kocht der Juniorchef dieses Gericht besonders gern.

Soße:
75 g Butter   1 Spritzer Zitronensaft
2 EL Mehl   Salz, Pfeffer
½ l Fleischsud   1 Eidotter, verquirlt
⅛ l Weißwein   3 EL Rahm

Kalbsgulasch

2 Pfund Kalbfleisch
1 TL Salz
150 g Schweinefett
400 g Zwiebeln, feingehackt
80 g Paprika, edelsüß
¼ l Weißwein
600 g Tomaten, abgezogen,
gewürfelt
Schale von ¼ Zitrone
½ TL Kümmel
3 Knoblauchzehen

Das Kalbfleisch aus der Schulter wird in große Würfel geschnitten und gesalzen. Bis das Gewürz durchzieht, macht man den Ansatz: Man zerläßt Schweinefett in einem heißen Topf, gibt die Zwiebeln hinterher und röstet sie goldgelb an. Dann kommt der Paprika hinzu, den man rasch verrührt, damit er nicht anbrennt. Abgelöscht wird jetzt sogleich mit herbem Frankenwein, danach wird das Fleisch hinzugegeben. Wenn alles gut schmort, werden die kleingewürfelten, abgezogenen Tomaten eingerührt und das Gewürzsäckchen beigelegt. In dem kleinen zugebundenen Tüchlein sind enthalten: die Schale von einer viertel Zitrone (vorsichtig abziehen; es darf nichts Weißes daran sein), Kümmel und drei feingewiegte oder durchgedrückte Knoblauchzehen. Das Gulasch wird zugedeckt noch gut eine Stunde unter gelegentlichem Umrühren weichgegart.

KITZ UND LAMM

Gebackenes Kitzl

4 Portionsstücke Kitzfleisch
Salz, Pfeffer
Ingwer
2 Eier, verquirlt
Semmelbrösel
Pflanzenfett
Butter
¼–½ l Wasser oder Fleischbrühe
Alufolie

Die Ziegen hatten in Bayern früher den Spitznamen „Eisenbahnerkühe". Damals gab's ja auch noch an den Zugstrecken die vielen Bahnwärterhäuschen, deren Bewohner sich vielfach durch Kinderreichtum auszeichneten. Nicht geradezu übermäßig hoch besoldet, mußten die Bahnwärterfamilien sich nach einer zusätzlichen Einnahmequelle für den täglichen Speisezettel umschauen. So waren die zwar nicht auf den Hund, aber auf die Geiß gekommen. Die Ziege lieferte täglich Milch. Daraus konnte man noch Butter und Käse bereiten. Und alle Jahre gab's zwischen Ostern und Pfingsten junge Kitzl. Eine Delikatesse im Magenfahrplan der Eisenbahnersfamilie. 1989 wurden in Bayern noch 14 000 Ziegen gezählt. Ihre Zahl wächst wieder an.

Die Portionsstücke werden mit Salz, Pfeffer und Ingwer eingerieben und in Ei und Semmelbrösel gewendet. Dann brät man sie in der Pfanne in sehr heißem Fett auf beiden Seiten gut an. Danach läßt man auf jedem Fleischstück eine Butterflocke zergehen und deckt alles mit Alufolie zu. So wird das Kitz eine Stunde bei guter Mittelhitze im Rohr gebacken, wobei man öfters mit Fleischbrühe aufgießen muß.

Gegrillter Lammrücken in Biersoße

4 Lammrücken-Stücke à 200 g
Knoblauchöl mit Thymian
Salz, Pfeffer, Knoblauch
2 EL Knoblauchbutter
4 Tomaten, abgezogen, gewürfelt
150 g Champignons, blättrig geschnitten
100 g Zwiebeln, feingehackt
2 Knoblauchzehen
1 Messerspitze Thymian
3–4 EL Schweinsbratensoße
¼ l dunkles Bier oder Märzen

Zunächst werden die Lammrücken-Stücke in Knoblauchöl mit einer Spur Thymian gebeizt. Man muß sie dabei nicht unbedingt in die Marinade legen; es genügt vollauf, das Fleisch damit zu bestreichen und etwa vier Stunden einziehen zu lassen. Vor dem Grillen werden die Stücke trockengetupft und mit Salz, Pfeffer und Knoblauch beiderseits eingerieben. Gegrillt wird acht Minuten: jede Seite zweimal zwei Minuten. Man stellt die Fleischstücke warm, bis die Soße fertig ist.

Dann läßt man in einer Pfanne mit hohem Rand Knoblauchbutter zergehen, rührt Tomaten, Champignons und Zwiebeln dazu und läßt alles durchkochen. Gewürzt wird mit zwei zerdrückten Knoblauchzehen und einer Messerspitze Thymian. Zum Schluß kommen noch ein paar Löffel Schweinsbratensoße und ein Viertelliter dunkles Bier oder Märzen hinzu. Zum Servieren werden die warmgestellten länglichen Lammrücken schräg in je drei bis vier Teile geschnitten, wieder zusammengesetzt und mit der heißen Soße überzogen. So kriegt man's in der Zeughaus-Stuben in Augsburg.

Lammrücken „Sódala"

Wie der Breitmoser Sepp vom „Alpengasthof" in Siegsdorf einen Lammrücken fürs Fernsehen gebacken hat, ist ihm 31mal ein „Sódala" ausgekommen. Als solches möge sein Gericht in die G'schicht eingehen. Sódala:

Der Lammrücken wird gewürzt und in der Pfanne in heißem Öl auf beiden Seiten scharf angebraten. Dann kommt er für gut 10 Minuten bei 230°C ins vorgeheizte Rohr.
Für die Soße wird die Zwiebel glasig gedünstet, dann kommen nacheinander hinzu: Champignons, Oliven, die Tomate, eine ausgedrückte Knoblauchzehe, Petersilie, eine halbe Tasse Bratensoße (möglichst aus Kalbsknochen gezogen) und die oben angegebenen Gewürze. Man läßt die gut durchgerührte Soße langsam dahinköcheln und sieht beim Lamm nach. Man löscht mit Wasser ab und pinselt zerlassene Butter über das Fleisch. Mit einer Alu-Folie bedeckt, muß der Lammrücken noch einmal fünf Minuten zurück ins Rohr. Sódala!
Inzwischen bereitet man die Kruste. Entrindetes Weißbrot wird grob aufgerieben und mit zerlassener Butter, feingehacktem Knoblauch und Grünzeug der Saison vermengt. Sódala. Dann kommt das Lamm aus dem Ofen. Man löst die Filets heraus, schneidet sie jeweils schräg in etwa 5 Stücke und setzt sie wieder ins Knochengerippe ein. Dann bedeckt man sie gleichmäßig mit der Brotmasse und gibt den Lammrücken zum letzten Mal noch etwa 3 Minuten ins geheizte Rohr. Nun kann serviert werden. Dazu passen Bohnen in Speckmantel und Petersilkartoffeln. Sódala!

1 Lammrücken
Salz, Pfeffer
Öl

Soße:
50 g Butter
1 Zwiebel, gehackt
100 g Champignons blättrig geschnitten
6 Oliven, halbiert
1 Tomate, abgezogen, gewürfelt
1 Knoblauchzehe
1 EL Petersilie, gehackt
½ Tasse Bratensoße
Thymian
Kerbel
Salz, Pfeffer
1 Tasse Wasser
50 g zerlassene Butter

Für die Kruste:
4 Scheiben Weißbrot, entrindet
200 g Butter
½ Knoblauchzehe, feingehackt
1 EL Grünzeug, gehackt

Gefüllte Lammbrust ▷

1 Lammbrust
Leber und Herz des Lammes
½ Zwiebel
1 EL Kräuter
(Petersilie, Kresse)
Salz
1 Tomate
100 g Semmelbrösel
1 Ei
Zitronenschale, abgerieben
etwas saurer Rahm

Zuerst kocht man die Innereien an, hackt Zwiebel und Kräuter, drückt die Tomate aus und schneidet das Früchtfleisch. Dann wiegt man die Innereien fein. Nun geht's an die Füllung: Semmelbrösel, Ei, Innereien, Zwiebel, Tomatensaft und -fleisch, Kräuter, geriebene Zitronenschale werden gut verrührt, falls erforderlich, mit etwas Milch. Nun werden von der Brust die Rippen herausgenommen, indem man sie lockert und abdreht. Am besten läßt man sich das gleich vom Metzger besorgen. Dann untergreift man das Fleisch so, daß eine Tasche entsteht, die Brust also nur auf einer Seite offen ist. Da hinein kommt die Fülle. Nach dem Füllen wird die Tasche zugenäht oder zugesteckt. Dann legt man die ausgelösten Rippen wie einen Rost in die Pfanne und gibt die Lammbrust darüber. Sie wird etwa 1¼ Stunden bei 200 bis 220 °C gebraten. Natürlich darf man das Aufgießen zwischendurch nicht vergessen. Die Soße schmeckt man zuletzt mit saurem Rahm ab.

Gefüllter Lammschlegel (6–8 Personen)

1 Schlegel
1–2 l Buttermilch
Salz
Pfeffer
Rosmarin

Füllung:
1 Zwiebel, gewürfelt
2–3 EL Petersilie, gehackt
150 g Schwammerl, blättrig
geschnitten
100 g Wammerl, in Streifen
geschnitten
½ EL Butterschmalz
100 g Semmelbrösel
3 Eidotter
Salz, Pfeffer

In die Reine:
Fett zum Einstreichen
½ l Fleischbrühe
3 Pfund Kartoffeln, halbiert
5 Zwiebeln, in Ringe geschnitten

Der entbeinte Schlegel wird ein paar Stunden in Buttermilch eingelegt, dann abgetrocknet und mit Salz, Pfeffer und Rosmarin eingerieben. An die Stelle des ausgelösten Knochens kommt jetzt die Fülle. Sie wird in einer Schüssel zusammengerührt und besteht aus Zwiebelwürferln, gehackter Petersilie, blättrig geschnittenen Schwammerln, in Streifen geschnittenem geräuchertem Bauchfleisch (Wammerl), Butterschmalz, Eidottern, Semmelbröseln, Salz und Pfeffer. Nach dem Einstreichen der Füllung wird der Schlegel mit Spagat gut verschnürt, leicht nachgewürzt und dann in der Reine 20–30 Minuten angebraten. Das Bratgefäß ist eingefettet, seitwärts gießt man mit etwas Fleischbrühe auf. Nach dem Anbraten kommen zum Schlegel in die Reine: die halbierten Kartoffeln, die Zwiebeln, gelbe Rüben in Stücken, Petersilie, Knoblauchzehen und nach Geschmack Rosmarin und Kümmel. Die Garzeit beträgt gut eine Stunde bei 210 °C, wobei immer wieder mit guter Fleischsuppe nachgegossen wird, bis sie verbraucht ist. Dazu hat's beim Kamm-Bräu in Zenting eine ganze Menge gegeben: Vorher war's eine Biersuppe mit Hirnpavesen, nebenher ein Ruamkraut und nachher Nockerl aus Ei-Schnee.

10 gelbe Rüben, grob
geschnitten
1 Bund Petersilie, gehackt
3 Knoblauchzehen

Gewürze:
Rosmarin
Kümmel

SONDERMISCHUNGEN

Hackbraten

1 Pfund gemischtes Hackfleisch
2 alte Semmeln
1 Zwiebel, grob gehackt
1 Knoblauchzehe
1 Petersilienwurzel, grob
zerkleinert
2 Eier
1 TL Mehl
Salz, Pfeffer

Für die Soße:
40 g Butter
½ Zwiebel, gewürfelt
¼ l heißes Wasser
1 Stück Sellerie, zerkleinert
1 gelbe Rübe, geschnitten
1 Sträußl Petersilie
2 EL saurer Rahm

Man vermischt zwei alte, eingeweichte und ausgedrückte Semmeln mit Rind- und Schweinefleisch, das man zusammen mit einer Zwiebel, Knoblauch und einer kleinen Petersilienwurzel durch den Wolf gedreht hat. Dann werden noch zwei Eier und etwas Mehl dazugemengt und alles gewürzt. Daraus formt man einen länglichen Laib, der nun in die Reine kommt, in der schon in Butter angedünstete Zwiebelwürfel auf ihn warten. Der Wecken wird im Rohr bei 230 °C angebraten, dann gießt man die Hälfte des heißen Wassers dazu. Nach einer halben Stunde Bratzeit legt man das in Stücke geschnittene Wurzelwerk (Sellerie im Gewicht der gelben Rübe) bei und gießt mit dem restlichen Wasser auf. In der 50. Bratminute kommt noch ein Sträußl Petersilie hinzu, das man nach 10 Minuten entfernt, und dann die Soße mit saurem Rahm verfeinert. Fertig!
Fleischpflanzl werden aus demselben Teig geformt und in der Pfanne gebraten.

Allgäuer Krautpfanne

150 g Wammerl
1 Zwiebel, grob gehackt
800 g Sauerkraut
1 TL Paprika, edelsüß
1 TL Salz
½ TL Pfeffer
1 EL Kümmel
⅛ l Rotwein
400 g Schübling
⅛ l Rahm

In einer hohen Pfanne röstet man dünn in Würfel oder Streifen geschnittenes, geräuchertes Bauchfleisch (Wammerl) an, gibt die Zwiebel hinein und läßt sie goldgelb werden. Dann kommt das Sauerkraut hinzu, das nun unter öfterem Rühren zusammen mit den Gewürzen eine halbe Stunde gut durchgekocht wird. Man sollte dabei mit Paprika, Salz, Pfeffer und Kümmel nicht sparen. Damit man sie später gleich wiederfindet und entfernen kann, verpackt man die Wacholderbeeren und Lorbeerblätter in ein Tee-Ei. Nach der Kochzeit wird das Kraut mit Rotwein begossen, der nun 20 Minuten mitziehen soll. Danach werden die in Scheiben geschnittenen „Schübling" eingerührt. Das ist eine spezielle Allgäuer Wurstsorte und entspricht etwa der „Leoni". Die Krautpfanne schmeckt aber auch mit Regensburgern, Pfälzern, Stadtwürst oder Knackern. Sobald die Wurstscheiben heiß sind, wird noch eine Tasse Rahm in den Eintopf verrührt. Sobald er eingezogen hat, ist's zum essen.

Pichelsteiner

Wer dieses Gericht erfunden hat, darum streiten sich heute noch zwei Gemeinden im Bayerischen Wald: die Stadt Regen und das Dorf Büchelstein. Die Regener können urkundlich nachweisen, bereits zum hundertsten Male ein Pichelsteinerfest – das größte Volksfest im Bayerischen Wald – abgehalten zu haben; die Büchelsteiner verweisen auf ihren Ortsnamen. So ißt man zur jeweiligen Festeszeit in Büchelstein einen „Büchelsteiner" und in Regen einen Pichelsteiner. Aber es ist dasselbe. Das Gericht war früher im Bayerischen Wald ein „Arme-Leute-Essen", aus Erdäpfeln, Gemüse und übriggebliebenen Fleischresten. Heut kennt man Pichelsteiner auf der ganzen Welt. Nach folgendem Rezept gelingt es immer gut:

3–4 Markknochen (Kalb, Rind)
½ Pfund Rindfleisch
½ Pfund Schweinefleisch
½ Pfund Kalbfleisch
2 Zwiebeln
1½–2 Pfund Kartoffeln
2–3 gelbe Rüben
2 Stangen Porree
1 kleine Sellerieknolle
1 Petersilwurzel
1 Strauß Petersilkraut
1–2 Blatt Maggikraut
(Liebstöckl)
Salz, Pfeffer

Die Hauptarbeit bei diesem Gericht ist die Vorbereitung. Hernach geht's schnell. Drum tut man gut daran, wenn man sich ein paar Teller und Schüsseln bereitstellt, in die man die Zutaten gesondert legt, damit man sie beim Einrichten in den Tiegel gleich zur Hand hat. Zum Beispiel: Das Fleisch schneidet man in mundgerechte Stücke, legt sie auf Teller, trennt aber die drei Fleischsorten.

In eine Untertasse kommen die kleingehackten Zwiebeln.

Die geschälten rohen Kartoffeln werden in etwa 1½ cm dicke Scheiben geschnitten, dann halbiert oder geviertelt und in eine Schüssel mit kaltem Wasser gelegt. Da hinein kommen auch die ganz fein geschnittenen gelben Rüben. Auch Porree, Sellerie und Petersilwurzel werden, grobgehackt auf einem Teller ebenso bereitgestellt wie das Salzbüchserl und ein Haferl mit warmem Wasser. Das gehackte Petersilkraut, die zerrupften Maggikrautblätter und den Pfeffer braucht man erst am Ende der Garzeit. Jetzt an die Zubereitung: In einem Tiegel zerläßt man das aus den Knochen gekratzte Mark und dünstet darin die Zwiebeln glasig. Darauf legt man die erste Schicht Kartoffeln mit gelben Rüben, salzt, streut eine Lage Wurzelwerk mit Grünzeug (Porree, Sellerie, Petersilwurzel) darüber und legt die Rindfleischwürfel ein. Dann gießt man mit so viel warmem Wasser auf, daß das Fleisch davon noch nicht erreicht wird.

In dieser Reihenfolge richtet man nun die Zutaten weiter ein; als zweites Fleisch kommt das Schweinerne, obenauf das Kalbfleisch. Man hebt sich so viele Kartoffeln auf, daß sie den Abschluß bilden können. Jetzt gießt man gut dreiviertel voll mit warmem Wasser und läßt 10 Minuten bei offenem Topf gut durchkochen. Dann wird zugedeckt. Der Inhalt muß jetzt nur noch 50 Minuten lang leise dahinbrodeln. Erst in den letzten fünf Garminuten rührt man das Gemisch durch, schmeckt mit Pfeffer, Petersilgrün und Liebstöckl ab, gießt, wenn nötig, noch Wasser hinzu und läßt noch einmal, aber ganz kurz, aufkochen. Wer absolut sicher sein will, daß das Fleisch nicht ausgelaugt wird, also gut saftig bleibt, kann die Fleischwürfel vor dem Einlegen in einer Pfanne allseits kurz anbraten und den Bratsaft dazugießen.

Kronfleisch ▷

1½ Pfund Kronfleisch
Suppensach oder Wurzelwerk
(gelbe Rübe, Zwiebel, Sellerie,
Lauch)
Salz, Pfeffer
Schnittlauch, feingeschnitten

Beim Kronfleisch handelt es sich um das fleischige Zwerchfellstück, das nach dem Kochen eine gekräuselte Krone bildet. Man unterscheidet zwischen dem Schweinskron und dem weitaus größeren Rindskron, das wiederum aus dem Zwerchfellstück („flaches Kron") und dem „dicken Kron" besteht, das vom Rippenstück zur Lende verläuft. Schweinskron wird entweder 10 Minuten gekocht oder eine halbe Stunde. Das Kurzgekochte hat mehr „Biß". In den Sud tut man entweder gebündeltes Suppensach, wie man es fertig zu kaufen kriegt, oder Wurzelwerk. Man ißt das Kronfleisch aus einem tiefen Holzteller, zusammen mit etwas Brühe und darübergestreutem Schnittlauch. Dazu gehören frisch geriebener Kren oder Salz und Pfeffer und natürlich eine Scheibe Hausbrot (oder eine Brezen).

Beim flachen Rindskron beträgt die Kochzeit eine ¾ Stunde, beim dicken Bauchfellstück eine ganze. Kronfleisch-Genießer darf man zu den echten Schmankerlkennern und gelernten Brotzeitmachern zählen. Wer kein Bier dazu trinkt, erlebt nur die halbe Freud'.

Zweierlei Fleisch

1 Pfund durchwachsenes
G'selchtes (Räucherfleisch)
1 Pfund mageres Rindfleisch
100 g Sonnenblumenöl
1 Zwiebel, gehackt
je 1 Messerspitze Thymian
Basilikum und Estragon
4 Wacholderbeeren
2 Nelken
1 Lorbeerblatt
1 EL Stärkemehl
1 EL saurer Rahm
1 Tomate, abgezogen

Dieses Rezept stammt vom ehemaligen Pfarrer von Neuhofen im Rottal. Dem ist einmal folgendes passiert: Als er um ½6 Uhr früh zur Messe ging, begegnete ihm der Rauchfangkehrer und begrüßte ihn mit „Grüß Gott, Herr Kollege!" Da sich der Pfarrer nicht erinnern konnte, mit dem Kaminkehrer einmal in Conzelebration ein Hochamt gefeiert zu haben, fragte er: „Wieso Kollege?" Worauf der Mann mit Leiter und Besen meinte: „Na ja, jeder von uns ist halt ein Schwarzer!" Darauf der Pfarrer: „Aber ein Unterschied ist da schon: Ich bin ein G'weichter (Geweihter), und du bist ein G'selchter!" G'selchtes, das ist im Rottal das Schwarzgeräucherte, und es spielt in diesem Rezept die Hauptrolle. Der Herr Pfarrer hat es von seiner Großmutter, die es aus dem Böhmischen mitgebracht hat.

In einem großen Tiegel die Zwiebel mit Öl glasig dünsten. Dann wird das Rindfleisch mit Salz und Pfeffer eingerieben und in den Topf gelegt, das G'selchte kommt, wie es ist, in den Tiegel. Beide Teile werden auf beiden Seiten angebraten und dann zugedeckt. Sobald das Fleisch gut Saft gezogen hat, kommen die Kräuter dazu. Dann läßt man alles eineinhalb Stunden dünsten, dazwischen öfter aufgießen. Nach dieser Zeit nimmt man das Fleisch heraus und stellt es warm. Nun bindet man die Soße mit Stärkemehl, rührt den sauren Rahm daran und drückt noch eine Tomate dazu. Wenn das alles gut verrührt ist, kommt das Fleisch wieder zur Soße und darf darin noch 10 Minuten leise brodeln. Vor dem Servieren wird die Soße durchpassiert. Beim Pfarrer in Neuhofen hat's dazu Kartoffelknödel und ein Hollermus gegeben.

BLUATS-SAUEREI

Eigentlich sind die Metzger bloß auf den Lebenssaft einer Sau aus, wenn sie einen solchen überhaupt zum Wursteln brauchen. Wer schon einmal bei einer Hausschlachtung dabei war, vielleicht sogar als Helfer, der hat wohl nach dem Stich das Blut auffangen und rühren müssen. Es ist ein Spritzer Essig in die Schüssel getan worden, damit es nicht stockt. Es gibt aber auch andere Hausmacher-Würst, die diesen roten Farbstoff nicht brauchen. Dafür haben wir auch ein paar Rezepte.

Blut- und Leberwürst

Die zwei gehören zusammen wie Max und Moritz. Sie müssen miteinander sterben und sind auch miteinander auf die Welt gekommen. Ihre Mutter ist eine geborene Saukopf, vom Vater haben sie ihr gutes Herz. Hausgemachte Blut- und Leberwürste sind eine Delikatesse. Vom Metzger holt man sich:

½ Saukopf
1 Schweinsherz
¼ Schweinslunge
½ Schweinsleber
½ l Schweinsblut
Därme zum Füllen

Sud:
1 Zwiebel mit Nelken
5 Pfefferkörner, Salz
1 Lorbeerblatt
einige Wacholderbeeren
Wasser

Den halben Saukopf läßt man sich vom Metzger so zerkleinern, daß man ihn zu Hause auch in den Tiegel bringt. Er wird mit den oben angegebenen Sudzutaten weichgekocht. Das Wasser soll das Fleisch gut bedecken. Die Zwiebel zerschneidet man in Hälften und steckt in jede zwei rasse Nagerl. Sobald das Fleisch weich ist (nach ca. 1½ bis 2 Stunden), nimmt man es aus dem Sud und löst es vom Knochen. Den Sud braucht man später noch.

In einem anderen Tiegel kocht man die Innereien in Salzwasser, und zwar das Herz eine Stunde lang, die Lunge ½ Stunde und die Leber 10 Minuten. Dieses Kochwasser schüttet man weg oder hebt es sich auf zum Dampfbad für das Schweineblut. Ein kleines Stückchen Leber behält man roh.

Nun schneidet man auf dem Brett das Fleisch und die Innereien in Stücke, so daß man sie leicht in den Fleischwolf geben kann. Ein Teil des fetten Fleisches und der Schwarte wird in feine Würfel geflockt, die man für die Blutwurst braucht.

Leberwurst

Würze:
½ Zwiebel, grobgehackt
Majoran
Salz, Pfeffer

Das Fleisch, das Herz, die gekochte und die rohe Leber dreht man mit einer halben Zwiebel durch den Wolf. Diesen Teig übergießt man in einer Schüssel mit so viel (noch warmem) Sud, daß es eine ziemlich dicke Suppe ergibt. Abgeschmeckt wird mit viel Majoran, etwas Pfeffer und Salz. Nun wird in Därme abgefüllt (Trichter) und zu beliebig großen Würsten abgebunden. Sie müssen 20 Minuten ziehen, nicht kochen!

Blutwurst

Würze:
½ Zwiebel, grobgehackt
Thymian
Pfeffer
Majoran
Salz

In der Schüssel werden verrührt: die durch den Wolf mit einer halben Zwiebel gedrehte Lunge, die Speckwürfel, drei Teile (im Wasserbad erwärmtes) Blut und ein Teil der Fleischbrühe (Sud). Man würzt mit Thymian, viel Pfeffer, ein bißchen Majoran und Salz. Der Teig soll dünnflüssiger sein als bei der Leberwurst. Nach dem Abfüllen in Därme und dem Abbinden kommen die Blutwürste in kochendes Wasser, das man aber dann sofort vom Feuer wegnimmt. Dann läßt man sie eine halbe Stunde nur noch bei 80°C ziehen.

Altbayerische Milzwurst

1 Kalbsmilz
1 Kalbsbries
250 g Kalbsleber
250 g Kalbfleisch von der
Schulter
250 g mageres Schweinefleisch
1 Kalbsnetz
Salz, Pfeffer
2 Zwiebeln, gehackt
2 Bund Petersilie, gehackt
Knochenbrühe

Dieses Gericht nennt man auch „Gefüllte Milz", denn mit der landläufigen Milzwurst beim Metzger und im Gasthaus (Brätteig, in dem Schweinemilz eingebraten wurde), hat sie wirklich nichts zu tun. Wer sich die Milzwurst nach diesem Rezept selbst herstellen will, braucht Beziehungen zum Metzger, denn die Zutaten gibt's nicht alle Tage. Das Bries zum Beispiel wächst nur am Schlund eines Saugkalbes (Kalb im Alter von 6 bis 8 Wochen), und wann wird ein solches schon geschlachtet?
Die Milz ist ein längliches Gebilde, die bei dieser Wurst nur als eine Art Naturdarm dient. Mit einem Querschnitt am oberen Ende und einem Längsschnitt innen wird eine Tasche daraus geformt. Bries, Leber und Fleisch werden in Scheiben und diese dann in dünne Streifen geschnitten.
Dann wird das Kalbsnetz ausgebreitet und die Streifen nebeneinander daraufgelegt, und zwar abwechselnd, also ein Briesstreifen, einer vom Kalbfleisch, einer von der Leber und ein Schweinefleischstreifen usw.
Das Ganze wird gesalzen und gepfeffert, Petersilie und Zwiebeln werden darüber verteilt, und nun rollt man das Netz der Länge nach zusammen zu einer Wurst, die in die Milztasche paßt. Die Rolle wird so in die Milz gestülpt, daß das Innere der Milztasche nach außen kommt, also die Milz umgedreht wird. Das Ende bindet man zu und läßt die gefüllte Milz zwei Stunden bei 90°C in einer Knochenbrühe ziehen.
Hat man eine größere Zahl von Gästen, so schneidet man die Wurst in Scheiben, drückt diese wieder zusammen, so daß beim Servieren optisch der Eindruck einer ganzen Wurst entsteht. Die altbayerische Milzwurst schmeckt herrlich in der aufgeschmalzenen Brotsuppe.

Weißer und schwarzer Preßsack ▷

Auch diese beiden gehören in einem Atemzug genannt, wie die Blut- und Leberwürscht. An Schlachttagen ist ja alles da, Kopffleisch, Stichfleisch, Wammerl, Blut. Weil aber die Großstadtmetzger nicht mehr selbst schlachten, ist an den roten Lebenssaft einer Sau schwer dranzukommen. Den kriegt man nur auf Vorbestellung.

Weißer Preßsack

½ Saukopf (mit Ohrwaschl)
1 Pfund Wammerl
2 Schweinsfüaßl
Salz
Essig

Sud:
2–3 Zwiebeln, halbiert
Pfefferkörner
Wacholderbeeren
2 Lorbeerblätter
Salz

Das Fleisch wird mit den Sudzutaten gekocht, bis es sich leicht von den Knochen lösen läßt. Dann schneidet man es in Würfel oder in Streifen. Die Schwarten löst man ab und dreht sie durch den Wolf. Auch das Ohr und das von Füaßln ausgelöste Fleisch kommt durch die Maschine. Das gibt eine gute Bindung.
In der Schüssel mischt man alles zusammen, gießt die erforderliche Brühe darüber und schmeckt mit Salz und klarem Essig ab (weitere Gewürze ganz nach Belieben). Der Fleischteig darf ruhig etwas suppig sein; die Flüssigkeit sulzt sich ja später.
Gut gemischt füllt man die Masse nun mit dem Schöpflöffel in Pergament- oder Kunststoffdärme, bindet ab und läßt im heißen Wasser bei 80 °C zwei Stunden ziehen. Dann werden die Preßsäcke einige Stunden auf ein Brett gelegt und öfter gewendet, damit sich nicht einseitig Fett oder Flüssigkeit absetzen kann.

Schwarzer Preßsack (Blutpreßsack)

Er wird genauso zubereitet wie weißer Preßsack (siehe diesen). Die Sudzutaten sind die gleichen, ebenso das Fleisch. Lediglich als „Suppe" verwendet man einen Teil der Brühe und drei Teile Blut. Gewürzt wird mit Salz, viel Pfeffer und etwas Thymian. Auf gar keinen Fall darf Essig verwendet werden!

Blutwurstgröstl

3 EL Schweineschmalz
1 Zwiebel, gehackt
2 Pfund gekochte Kartoffeln,
in Scheiben
Salz, Pfeffer
Majoran, Kümmel
2 Blutwürste

Man könnte auch Kartoffelblutwürst dazu sagen, und sie gehören einfach ins Kapitel der bayerischen Wurstologie.
In einer großen Pfanne dünstet man im Schmalz die Zwiebel an. Darauf kommen die Kartoffelscheiben, die mit Salz, Pfeffer, Majoran und Kümmel gewürzt werden. Man röstet sie gut an, verteilt dann die Blutwurstmasse darin und brät alles gut durch.

Hausmacher Leberkäs

(12 Personen)

1 Pfund Rindfleisch, gewürfelt
1 Pfund geräuchertes Wammerl, gewürfelt
100 g gesurter Speck, gewürfelt
2 Zwiebeln, grob zerkleinert
1 EL Salz
1 TL Pfeffer
½ TL Majoran
70 g Grünzeug, gehackt
100 g Semmelbrösel
100 g Speisestärke
¼–½ l Wasser
2 Eier
1 Pfund Eiswürfel
etwas Schweineschmalz

Sie brauchen eine Küchenmaschine mit rotierenden Messern (z.B. Moulinette) zum Zerkleinern der Fleischwürfel. Dazwischen muß man gestoßenes Eis (aus Würfeln im Tiefkühlfach gewonnen) verteilen. Das hat den Zweck, daß das Fleischeiweiß nicht gerinnt. So erhält man ein feines Brät, das wie bei einer Streichwurst aussehen soll. Dann dreht man zwei Zwiebeln durch den Wolf und gibt sie zu der gekutterten Masse in eine Schüssel. Hinzu kommen die Gewürze, Grünzeug, Semmelbrösel, in Wasser aufgelöste Speisestärke und zwei Eier. Das Ganze wird gut verrührt, am besten mit den Händen oder mit dem Knethaken. Dann füllt man den Fleischteig in eine mit Schweineschmalz ausgefettete und gebröselte Kastenform und bestreicht das Brät noch mit Wasser. Es wird 70 Minuten im Rohr bei 220°C gebacken. Diesen Leberkäs gibt's beim Motzenwirt in Melleck bei Schneizelreuth, und er heißt dort „Motzenkäs". Heben Sie sich auch einen aus der Taufe! Der meine heißt „Pauli-Kaas".

Süßer Weißwurstsenf

¾ Pfund gelbes Senfmehl
¼ Pfund grünes Senfmehl
1 Pfund brauner Farinzucker
1½–2 l Wasser
1 Teilstrich braune Essig-Essenz
1 EL Staubzucker (Puderzucker)
2 EL Salz
½ Zwiebel mit 3 Nelken besteckt
6 Wacholderbeeren
10 Pfefferkörner
1 kleines Lorbeerblatt
1 EL frischgeriebenen Kren (Meerrettich)

Senfmehl besorgt man sich am besten in Apotheken, Drogerien, Reformhäusern oder Samenhandlungen. Falls Ihr Kaufmann keinen (braunen) Farinzucker vorrätig hat, können Sie auch weißen Staubzucker verwenden. Das gleiche gilt für die braune Essig-Essenz. Eine weiße tut's auch. Mit den „braunen" Zutaten" erzielt man lediglich eine schönere Farbe des fertigen Senfs.

In einer Schüssel vermischt man das gelbe und grüne Senfmehl mit dem Zucker, dann bereitet man den Essigstand. Dieser besteht aus Wasser, Essig-Essenz, so viel wie zwischen zwei Teilstrichen ist (auf der Rückseite der Flasche angegeben), Zucker, Salz, einer mit Nelken besteckten halben Zwiebel, Wacholderbeeren und Pfefferkörnern. Man läßt den Essigsud einmal gut aufkochen, dann eine Viertelstunde ziehen, wobei man erst in den letzten fünf Minuten ein kleines Lorbeerblatt dazugibt. Nach dem Erkalten wird die Flüssigkeit in die Schüssel mit der Senfmehl-Zuckermischung geseiht und alles gut verrührt. Auch ein Eßlöffel firschgeriebener Kren wird daruntergemischt. – Es empfiehlt sich, etwa einen Viertelliter des Essigstandes in einer verschließbaren Flasche aufzuheben, wenn man den Senf nicht auf einmal verbraucht. So kann man ständig den Flüssigkeitsverlust des in einem Steingutgefäß gelagerten Senfs ausgleichen. Dieser Hausmachersenf schmeckt anfangs sehr scharf, wird aber von Tag zu Tag milder.

AUS'M WALD

JETZT GEHT'S WILD AUF

*Als der Prinzregent Luitpold von Bayern einmal auf der Jagd einen Bock „fehlte",
also nicht traf, fragte er seinen Begleiter, den Jagerloisl: „Was meinst, was sich
jetzt der Bock denkt hat, wie die Kugel an ihm vorbeigepfiffen ist?" Darauf hat der
Loisl einmal tief runterg'schluckt und ganz verlegen, weil er halt g'fragt war,
geantwortet: „Dös trau i mir net sagen, Königliche Hoheit!" Heut schießen (und
fehlen) nicht nur mehr Hoch-, Mittel- und Geld-Adelige auf der Jagd, heut darf
jeder mit der Büchs' in den Wald gehen, der die Jägerprüfung bestanden hat.
Aber die ist nicht leicht! Da sind schon ganz Prominente durchgefallen! Und
„umgedrehte" Wilderer sind gleich durchgekommen. Aber die haben ja eine
jahrzehntelange Praxis hinter sich gehabt.*

_____ *Saubere Hasen* _____

Gebratener Hasenrücken und -schlegel ▷

1 Hasenrücken
2 Hasenschlegel
Salz
Pfeffer
hellgeräucherter Speck
in Streifen
Butter
2 Zwiebeln, geviertelt
½ Stange Porree, grob
zerkleinert
1 gelbe Rübe, in Scheiben
2 Butter-Mehl-Kugeln
Wasser oder Fleischbrühe
½ Tasse Rotwein
etwas Rahm (süß oder sauer)

Den Hasenrücken und die Schlegel (Hinterläufe) kann man zusammen braten; jedoch kommen die Schlegel eine Viertelstunde früher ins Rohr, weil das Muskelfleisch der Hinterläufe eben diese Zeit länger braucht, bis es durch ist. Dafür muß man bei den Schlegeln die Haut nicht abziehen, was beim Hasenrücken unbedingt erforderlich ist.
Das Fleisch wird gesalzen und gepfeffert, rundherum mit einer Spicknadel mit hellgeräuchertem Speck sorgfältig gespickt und in der Rein mit zerlassener Butter übergossen. Nach etwa einer Stunde Bratzeit im Rohr gibt man die beiden Zwiebeln, eine halbe Stange Porree und eine gelbe Rübe dazu. Dann formt man aus Mehl und Butter zwei Kugeln (etwa so groß wie eine Daumenkuppe) und gibt sie nacheinander (Zwischenabstand etwa zehn Minuten) in die Bratrein. So wird die Soße allmählich leicht gebunden. Gelegentlich muß man nach Bedarf mit Wasser oder Fleischbrühe aufgießen. Zum Schluß mit etwas Rotwein. Der Hase braucht etwa 90 bis 100 Minuten, bis er gar ist. Kurz bevor er fertig ist, bestreicht man das Fleisch noch mit Rahm (süß oder sauer ist Geschmackssache), schaltet die Ofenhitze zurück und läßt den Rahm „einziehen".

Hasenragout

Beize:
½ Stange Porree
1 gelbe Rübe, grob geschnitten
6 Pfefferkörner
6 Wacholderbeeren
1 Zwiebel, grob geschnitten
2–3 Nelken
1 l Essigwasser

Salz, Pfeffer
40 g Fett
1 Zwiebel, halbiert
30–40 g Mehl
3 EL saurer Rahm
1 EL Johannisbeer- oder
Preiselbeermarmelade

Man verwendet dazu die Innereien, Bauchlappen mit Rippen, Kopf, Hals und Vorderläufe, soweit vorhanden auch das Hasenblut. Aus den erstgenannten Zutaten bereitet man eine kalte Beize, in die man die zurechtgehackten und geschnittenen Hasenteile legt. Bei jungen Hasen soll das Fleisch zwei Tage gebeizt werden, ältere Tiere läßt man länger darin liegen. Das Essigwasser besteht aus drei Teilen Wasser und einem Teil Essig.
Nach dem Beizen werden die Fleischteile abgetrocknet, gesalzen und gepfeffert und in heißem Fett scharf angebraten. Dann gibt man sämtliche Beizzutaten und eine halbierte frische Zwiebel dazu und läßt alles eine gute Stunde zugedeckt dünsten, wobei man nach und nach mit der Beizflüssigkeit aufgießt.
Nach einer Stunde wird das Ragout mit Mehl gestaubt, verrührt und mit dem Rest der Beizflüssigkeit aufgegossen. Es soll noch eine Viertelstunde leicht kochen. Danach schaltet man die Ofenhitze zurück, verrührt das Gericht mit dem sauren Rahm und verfeinert noch mit etwas Johannisbeer- oder Preiselbeermarmelade.
Falls man das Hasenblut zur Verfügung hat, so vermischt man es mit etwas Essig und gibt es unter Rühren mit dem Rahm ans Ragout.

Gebeizter Hasenrücken

1 Hasenrücken
Rotweinbeize, bei Bedarf
80 g roher Speck
Salz, Pfeffer
¼ Pfund Pflanzenfett

Soße:
100 g Butter
½ Zwiebel, gehackt
1½ Pfund Schwammerl,
dickblättrig geschnitten
5 EL Fleischbrühe
½ Tasse Rahm
Salz, Pfeffer
1 Eßlöffel Petersilie, gehackt

Garnierung:
Orangenscheiben, Preiselbeeren

Wenn es der Rücken eines jungen Hasen ist, braucht man ihn nicht zu marinieren. Wenn er aber von einem Meister Lampe stammt, der schon viele Treibjagden hinter sich hat, gehört das Fleisch zwei Tage in eine Beize, die aus ½ l Wasser, ⅛ l Essig und ⅜ l Rotwein, Wurzelwerk, Gewürzkörnern und Lorbeerblatt besteht. Gespickt wird der Hase mit rohen Speckstreifen längs der Faser. So vorbereitet, gut abgetrocknet und mit Salz und Pfeffer gewürzt, legt man den Rücken in die Pfanne zu zerlaufenem heißem Pflanzenfett und brät ihn eine Viertelstunde auf beiden Seiten bei starker Hitze. Erst dann deckt man ihn zu und läßt ihn so noch fünf Minuten ziehen. Inzwischen bereitet man die Soße zu. Es werden gehackte Zwiebeln in Butter glasig angeschwitzt, die Schwammerl der Saison dazugegeben, verrührt und alles mit Fleischbrühe abgelöscht. Nach etwa fünf Minuten Kochen kommt noch Rahm hinein, und es wird mit Petersilie, Salz und Pfeffer abgeschmeckt. Die Soße soll ab jetzt bloß noch leise köcheln und wird beim Anrichten über den Hasenrücken gezogen. In der Janka-Brauereigaststätte „Deutscher Rhein" in Zwiesel wurden dazu „Stoaknödel" serviert. Es ist derselbe Teig wie der zu Semmelknödeln; nur ist er mit Röstgemüse angereichert. Außerdem werden die Stoaknödel nicht in Wasser gekocht, sondern wie Fleischpflanzl in der Pfanne mit Butter gebraten.

Gehörnte

Rehaufbruch

Leber, Herz, Niere vom Reh
3 EL Butterschmalz
4 Zwiebeln, feingehackt
2 EL Mehl
⅛ l Rotwein
2 Bund Petersilie, kleingehackt
1 EL Thymian
Salz, Pfeffer
1 EL Butter

Die Innereien werden streifig wie zu einem Lüngerl geschnitten. Dann läßt man in einer großen Pfanne Butterschmalz zerlaufen (man kann auch Butterschmalz und Butter mischen) und dünstet darin die feingehackten Zwiebeln braun. Hernach rührt man die Innereien ein: zuerst das Herz, dann die Niere, zum Schluß die Leber. Nach dem Stauben mit Mehl wird mit einem kräftigen Rotwein abgelöscht. Man läßt weiterkochen, mischt kleingehacktes Petersilkraut und Thymian dazu und würzt erst kurz vor dem Servieren, mit Salz und Pfeffer, damit die Leber nicht hart wird. Das Ganze ist ein Zehn-Minuten-Gericht. Zum Schluß läßt man noch ein paar Butterflocken einziehen.
Übrigens: Nach überliefertem Jagdrecht steht der Aufbruch jeweils dem Schützen zu, nicht dem Jagdherrn.
Das Rezept gilt auch für Hirschaufbruch.

Rehragout

1½ Pfund Rehfleisch, gewürfelt

Beize:
½ l Wasser
½ l Obstessig
½ l Rotwein
1 Zwiebel, geviertelt
2 Lorbeerblätter
1 Dutzend Wacholderbeeren
1 Dutzend Pfefferkörner
5 Nelken

Einbrenne:
30 g Fett
40 g Mehl
½ TL Zucker
1 Prise Salz
Wasser zum Ablöschen

Abschmecken:
Zitronenschale
Piment, Muskat, Salz
Suppenwürze
Rotwein

Dieses Gericht gab's (und gibt's auch heute noch) nach einer Treibjagd. Meistens kriegten die Treiber ein Hasenragout (aus der am gleichen Tag erlegten „Strecke"), die Herren Jäger aber aßen ein Rehragout. So war's halt standesgemäß! Was besser schmeckte, kam ganz darauf an, ob die Köchin in den Jagerloisl verliebt war, oder ob sie's lieber mit einem Treiber trieb.

Zum Rehragout nimmt man natürlich nicht das edelste Fleisch her wie Rücken oder Schlegel, sondern Bauchfleisch und ausgelöstes Beinfleisch. Auch Hals und Bug gehören dazu, eventuell noch Herz und Lunge. Die Beize wird aus den obigen Zutaten eine halbe Stunde gekocht und abgekühlt über das bereits zerkleinerte Fleisch gegossen. Die Flüssigkeit muß das Fleisch bedecken, das darin mindestens zwei Tage liegen bleibt. Bei der Zubereitung werden die Fleischteile in der Beize ausgekocht, dann mit einer braunen Einbrenne fertig gegart. Das dauert etwa eine gute Stunde. Zum Schluß wird abgeschmeckt, wozu man die oben genannten Zutaten bestens empfehlen kann.

Zum Ragout gehört in den Teller ein heißer Semmelknödel oder eine gerade gekochte, abgeschälte Kartoffel. Und daneben a frische Maß! In der „Traube" in Donauwörth steht dieses Gericht oft auf der Speisenkarte.

Rehschlegelbraten

1 Rehschlegel (2–3 Pfund)
Buttermilch
Salz, Pfeffer
2 EL Schweineschmalz
2 gelbe Rüben, in Scheiben
2 Petersilwurzeln, gewürfelt
2 EL Grünzeug, gehackt
½ l Fleischbrühe
⅛ l Wildfond
⅛ l Rahm
2 EL Preiselbeeren
⅛ bis ¼ l Rotwein
4 cl Brombeerlikör

Es handelt sich hier um den Hinterlauf eines Rehs mit vielen Lauf- und Springstunden. Das Fleisch ist dabei recht muskulös und für unsere menschlichen Begriffe eher zäh geworden. Also braucht es eine Verjüngungskur. Und da sagt der Wirt von der Post in Prienbach bei Simbach/Inn: „In dem Fall gibt's nix Bessers, als des Fleisch drei Tag in Buttermilli leg'n, aber net länger! Sonst wirds wieder flachsig und zach." Der marinierte und gehäutete Braten wird getrocknet, mit Salz und Pfeffer kräftig eingerieben und kommt in die Reine zu zerlaufenem Schweineschmalz. Er wird zehn Minuten im Rohr auf beiden Seiten scharf angebraten, dann gibt man das grobgeschnittene Wurzelwerk und Grünzeug der Saison hinzu. Aufgegossen wird zunächst mit Fleischbrühe, später wird die Soße verfeinert mit dem aus Rehknochen, Wurzelwerk und Rotwein gezogenen Fond, Rahm, Preiselbeeren und Rotwein. Erst ganz zum Schluß wird noch ein Doppelstamperl Brombeerlikör (Kroatzbeere) dazugegossen. Die Bratzeit beträgt ungefähr 1¼ Stunden. Dazu passen Spätzle und gedünstete halbierte Birnen, mit Preiselbeeren gefüllt.

Hirschfilets mit Brombeeren und Birnen ▷

8 Filets vom Hirschrücken
100 g Speck in Streifen
Bratfett
ausgelöste Rückenknochen
Röstgemüse
2 große Birnen
3 Nelken
¼ Stange Zimtrinde
½ l Rotwein
150 g Preiselbeeren
½ Pfund Brombeeren
50 g Butter
1 Prise Zucker

Von einem gut abgelagerten Hirschrücken löst man die Filets aus, enthäutet und entsehnt sie. Dann werden sie in zweifingerdicke Scheiben geschnitten und mit Speckstreifen gespickt. Die Rückenknochen werden gehackt und mit dem üblichen Röstgemüse (Zwiebel, gelbe Rübe, Porree, Petersilwurzel) für eine dunkle Wildsoße verwendet.

Von den geschälten und halbierten Birnen schneidet man das Kernhaus tief heraus. Zusammen mit Gewürznelken und einer Viertelstange Zimtrinde werden die Birnenhälften in Rotwein kurz gekocht. Sie dürfen dabei nicht weich werden, was ohnehin voraussetzt, daß man feste, noch nicht ganz reife Früchte verwendet.

In einer heißen Pfanne werden die Brombeeren in zerlassener Butter gedünstet und etwas überzuckert.

Erst wenn sozusagen die „Beilagen" vor der Vollendung stehen, brät man die Filets in heißem Fett beiderseits je drei Minuten, richtet sie auf einer Platte an, überzieht sie mit der Soße und gibt die Brombeeren darüber. Daneben verteilt man die Birnen, deren Höhlung vom Kernhaus man mit Preiselbeeren gefüllt hat. Dazu passen Kartoffelkroketten oder Spätzle.

Hirschlende mit Weichseln (2 Personen)

2 mal 140 g Hirschlende
Salz, Pfeffer
Wildgewürz
Paprikamehl
50 g Butter
1 Tasse Fleischbrühe
1 EL Weichselmarmelade
1 EL Weichselsaft
½ Tasse Rahm
1 TL grüner Pfeffer
1 Tasse Sauerkirschen

Die aus der Hirschlende geschnittenen Stücke (4 cm) werden geklopft, gewürzt, in einer Mischung aus Mehl und Rosenpaprika (zu gleichen Teilen) gewälzt und in heiße Butter in die Pfanne gelegt, wo sie auf jeder Seite drei Minuten gebraten werden. So ist das Wildfleisch durch und dennoch innen saftig. Das hat das Paprikamehl bewirkt, das keinen Fleischsaft austreten läßt und für eine gute Bindung der Soße sorgt. Abgelöscht wird mit ungewürzter Fleischbrühe. Danach verrührt man nacheinander Kirschmarmelade (es handelt sich stets um Sauerkirschen), Saft von eingeweckten Weichseln, Rahm, zerdrückte grüne Pfefferkörner und ganze, entkernte Weichseln in der Pfanne neben und über dem Fleisch. Das Ganze muß einige Minuten kochen, damit sich die Soße auf ungefähr ein Drittel reduziert.

So gegessen im Adalbert-Stifter-Haus in Frauenberg am Dreisessel.

56

Hirschragout

600 g Fleisch
Salz, Pfeffer
1 TL Thymian
60 g Butter
100 g geräuchertes Wammerl,
kleingeschnitten
4 Zwiebeln, gewürfelt
2 EL Mehl
⅛ l Rotwein
½ l Fleischbrühe
1 EL Johannisbeergelee
1 Stamperl Armagnac

Das Ragoutfleisch vom Hirschen in mundgerechte Würfel schneiden und gut mit Salz, Pfeffer und Thymian würzen. Dann in der Pfanne das Wammerl und die Zwiebeln in der Butter anbräunen. Einen Tiegel ohne Fett erhitzen und das Ragoutfleisch in den heißen Tiegel geben. Dort wird es sogleich mit Mehl bestäubt und bei großer Hitze mit dem Kochlöffel verrührt. Damit ist aber die Trockenzeit zu Ende. Es wird mit Rotwein abgelöscht und mit einer guten Rindssuppe aufgegossen. Man verrührt alles gut und gibt dann das angebräunte Wammerl mit den Zwiebelwürfeln hinzu. Wieder verrühren, den Deckel zumachen und alles mehr am Herdrand zwei Stunden köcheln lassen. Danach das Gelee und den Armagnac einrühren. Beim Wirt auf dem Petersbergl bei Fischbach am Inn hat's dazu grünen Salat und selberg'machte Spätzle geben. Net daß's heißt, a boarischer Jaager versteht nix von der schwäbischen Kuche.

Hirschbraten   (6 Personen)

1 Kilo Hirschschlegel (Keule)

Beize:
½ l Rotwein
½ l Wasser, ½ Tasse Essig
1 EL Wacholderbeeren
1 EL Senfkörner
4 Lorbeerblätter, 5 Nelken
1 Messerspitze Rosmarin
1 Prise Basilikum
1 Prise Thymian
1 Zitronenscheibe
2 Äpfel in dünnen Scheiben oder
gewürfelt

Braten:
1 EL Schweineschmalz
50 g geräuchertes Wammerl,
gewürfelt
2 Zwiebeln, gehackt
1 Porreestange, in Scheiben
2 gelbe Rüben, in Scheiben
⅛ l Fleischbrühe

Soße:
⅛ l Marinade
½ Tasse Mehlwasser
400 g saurer Rahm
2 EL Preiselbeeren
1 EL Zuckerrübensirup
Salz, Pfeffer, Paprika, edelsüß

Das Fleisch wird einige Tage in eine Beize gelegt, die obige Zutaten enthält. Es soll von der Marinade bedeckt sein und einmal gewendet werden. Zum Braten wird der Schlegel abgetrocknet und kommt in einen Topf zu erhitztem Schweineschmalz und Speckwürfeln. Er wird von allen Seiten scharf angebraten, dann nimmt man die Hitze etwas zurück. Nun werden die gehackten Zwiebeln und die Porree- und Gelbe-Rüben-Scheiben dazugegeben. Außerdem wird Fleischsuppe eingegossen. Das Ganze soll nun 1½ Stunden schmoren. Danach nimmt man das Fleisch heraus, stellt es warm und bereitet die Soße zu. Der Bratenfond im Topf wird mit Marinade abgelöst und mit Mehlwasser gebunden. Zum Schluß rührt man den sauren Rahm darunter und verfeinert die Soße mit Preiselbeeren und Sirup. Gewürzt wird nach Geschmack mit Salz, Pfeffer und edelsüßem Paprika. Die Soße kommt durchpassiert an den Braten. So kriegt man ihn in der „Gams" in Beilngries und beim „Pauli-Wirt" in Ingolstadt.

Gamsbraten

(5 Personen)

4 Pfund Gamskeule oder
-schulter
¼ l Rotwein:

Beize:
2 l Wasser
⅛ l Weinessig
1 geviertelte Zwiebel,
jedes Viertel mit einer Nelke
besteckt
2 gelbe Rüben, in Scheiben
¼ Knolle Sellerie, zerkleinert
2 Lorbeerblätter
10 Wacholderbeeren
Schale einer halben Zitrone,
in Streifen

Aus den genannten Zutaten wird die Beize langsam eine Stunde gekocht und dann abgekühlt. Erst dann kommen der Rotwein und das Fleisch hinzu. Bei jüngeren Tieren bleibt das Fleisch zwei bis drei Tage in der Beize, bei älteren fünf Tage. Das Fleisch wird im Tiegel in Fett gut angebraten, herausgenommen und warm gestellt. Im selben Tiegel läßt man Speckwürfel (oder vom geräucherten Wammerl) aus, dünstet darin die gehackte Zwiebel, gibt das Wurzelwerk dazu, dann das Fleisch, gießt mit 1 Liter der Beizflüssigkeit auf und gart die Gams, bis das Fleisch weich ist. Die Soße bindet man mit Mehl. Zum Abschmecken benötigt man Preiselbeeren, Rotwein und sauren Rahm.

Dazu serviert man Kräuterknödel (Semmelknödel mit Kräutern der Saison, z.B. Schnittlauch, Petersilie) und Blaukraut.

Braten:

100 g Fett	Wurzelwerk aus gelber Rübe,	3 EL Mehl
125 g Speckwürfel oder	Sellerie und Petersilie,	2 EL Preiselbeeren
geräuchertes Wammerl	alles blättrig geschnitten	⅛ l Rotwein
1 Zwiebel, gehackt	1 l Beizflüssigkeit	¼ l saurer Rahm

Gamsrücken mit Schwammerl

(4–6 Personen)

800 g Wildrücken (ausgelöst)
Rosmarin, Thymian, Salz, Pfeffer
50 g Bratfett

Soße:
1 EL Butter
50 g Wammerl, gewürfelt
25 g Porree, gehackt
25 g Zwiebeln, gehackt
⅛ l Rotwein
¼ l Rahm
¼ l Wildfond

Schwammerl:
1 EL Butter
50 g Zwiebeln, gewürfelt
50 g Wammerl, gewürfelt
750 g Mischpilze, blättrig
geschnitten
¼ l Rahm
2 EL Petersilie, gehackt

Bitte erschrecken Sie jetzt nicht: Wo krieg ich denn a Gams her? In den Wildbrethandlungen gibt's schon hin und wieder so einen Buckel. Aber dieses Rezept taugt auch für einen Hirsch- oder Rehrücken. Ja und die Schwammerl: Die muß man sich freilich selber suchen oder (teuer) kaufen.

Das mit den Kräutern, Salz und Pfeffer gewürzte Fleisch wird in 4 Stücken (sie sind länglich) zwölf Minuten in der Pfanne, am besten in Pflanzenfett, gebraten. Dann stellt man es warm und bereitet die Soße zu. Das zum Anbraten verwendete Fett wird weggegossen und die Soße mit Butter zubereitet. Darin läßt man gewürfeltes Wammerlfleisch mitschwitzen, gibt eine Mischung aus Porree und Zwiebeln dazu, löscht mit Rotwein ab, gibt Rahm hinzu und einen Wildfond, den man sich aus Knochen und dem üblichen Röstgemüse gezogen hat. Eine übriggebliebene Schweinsbratsoße tut's auch. Auch die Schwammerl werden mit Butter angedünstet; es kommen Zwiebeln und Wammerlwürfel gleichzeitig hinzu und dann wartet man, bis die Pilze keinen eigenen Saft mehr ziehen. Jetzt erst kommt der Rahm dazu und die gehackte Petersilie. Schön heiß durchziehen lassen. Fertig.

Das Fleisch wird mit der Soße und den Rahmschwammerln überzogen, und wem das nicht schmeckt, versteht nichts von was Guatem.

Säu

Wildschwein gebraten ▷

2 Pfund Rücken oder Schlegel
Salz, Pfeffer
80 g Butter
1 Zwiebel, in Ringen
1 gelbe Rübe, in Scheiben
½ Stange Porree,in Scheiben
1 Petersilwurzel, gewürfelt
etwas Sellerie, zerkleinert
1 dicke Zitronenscheibe, geschält
3 EL saurer Rahm
2 Wacholderbeeren
1 TL Stärkemehl
1 Glas Rotwein

Bei diesem Rezept soll man nur Fleisch von Frischlingen verwenden; solches von älteren Tieren legt man besser in Beize.

Zum Wildschweinsbraten wird die Schwarte abgezogen, dann das Fleisch gesalzen und gepfeffert. Der Rücken braucht nicht gespickt zu werden, beim Schlegel kann man es machen. Das Fleisch wird in heißem Fett mit Zwiebelringen, gelben Rüben, Porree, Sellerie und Petersilie angebraten. Zur Verfeinerung des Geschmacks und der Farbe kann man ein Stück Brotrinde beigeben, wenn man will. Dann werden die Zitronenscheibe, zwei Eßlöffel saurer Rahm, die Wacholderbeeren und ein Schuß Wasser dazugegeben und alles im Rohr etwa eineinhalb Stunden gebraten. Damit man viel und dennoch eine gute Soße erhält, muß man des öfteren aufgießen. Gegen Ende der Bratzeit wird das Stärkemehl mit dem restlichen sauren Rahm verrührt, damit die Soße gebunden und mit Rotwein abgeschmeckt.

Wildschweingulasch (4–6 Personen)

1 kg Wildschweinfleisch,
gewürfelt

Beize:
10 Wacholderbeeren
5 Pimentkörner
1 TL schwarze Pfefferkörner
1 Lorbeerblatt
2 Nelken
1 Bund frischer Thymian
¼ l Rotwein

Für den Topf:
50 g Butter
½ Pfund Schalotten, geviertelt
Salz, Pfeffer
1 Pfund gelbe Rüben,
in Scheiben
1 EL Mehl
2 EL Wasser
100 g Rahm

Das Fleisch kommt, schon in Würfel geschnitten, in die Beize. Sie besteht aus einem kräftigen Rotwein und den üblichen Körnern, Beeren, Lorbeerblatt und Nelken. Es ist kein Wurzelwerk dabei, dafür als Grünzeug frischer Thymian. Wenn man getrockneten hernimmt, sollte man ihn zwischen den Fingerspitzen reiben. Das erhöht das Aroma. Die Gulaschwürfel brauchen nur zwei Stunden in der Marinade zu bleiben, dann kippt man sie in einen Seiher und läßt die Beizflüssigkeit in einen darunter befindlichen Tiegel laufen.

In einem Topf wurden inzwischen geviertelte Schalotten in Butter bräunlich angedünstet. Da hinein gibt man nun das Fleisch, rührt kräftig um und läßt es Farbe nehmen. Nach dem Anbraten wird mit Salz und Pfeffer gewürzt, und dabei sollte man nicht sparen, weil das Wildschweinfleisch von Natur aus einen etwas süßlichen Geschmack hat. Nach dem Hinzugießen der Beizflüssigkeit wird der Tiegelinhalt gut vermengt, zugedeckt und eine halbe Stunde gekocht. Dann rührt man die in Scheiben geschnittenen gelben Rüben hinein und läßt wieder alles weiterkochen, aber mehr auf Mittelhitze. Nach einer weiteren halben Stunde wird ein Mehlteigerl und der Rahm dazugegeben. Jetzt darf das Gulasch nicht mehr kochen, sondern nur noch eine Viertelstunde leise dahinziehen. Dann ist es fertig. Die Wirtin vom Stolzbräu in Kraiburg am Inn, Annemarie Greiderer, setzt es ihren Gästen mit hausgemachten Spätzle vor.

SCHWAMMERLFANGER UND JAGER

Sie können sich zeitenweise nicht recht leiden. Da sitzt so ein Waidmann schon seit 3 Uhr früh auf dem Anstand und paßt auf einen Bock, da haut direkt unter ihm einer die Autotür zu und verschwindet pfeifend im Wald. Daß so einem Jager was Unheiliges über die Lippen rutscht, wer könnt's ihm verdenken? Die Schwammerlsucher, das muß man leider sagen, sind heut auch nicht mehr das, was sie einmal waren! Die kamen einzeln und zu Fuß oder mit dem Radl, wußten ihre bestimmten Plätz' und scheuchten das Wild nicht auf. Jetzt aber steigen sie aus der Benzinkutsche, rücken mit Kind und Dackel an, und weithin schallt es „Uuuhuu" durch den bayerischen Wald. Es ist aber nicht der Nachtvogel, der so schreit, sondern es ist die Stimme der Urlauberin Frau Plesske, die „auch eben mal in die Pilze" gegangen ist und ihren Mann nicht mehr findet.

Das hat einmal geschrieben werden müssen und gilt natürlich nicht für die Minderheit der echten „Schwammerlinge", die wie Wilderer durchs Unterholz kriechen und von sonst niemanden als von ihren Schwammerln gesehen werden wollen. Für sie ist die Jagd auf die Reherl ebenso spannend wie dem Jager die seine auf die Reh'. In ihrer Auswirkung auf die Küche ergänzen sich beide „Berufsgruppen" sogar. Denn zu einem richtigen Jägerbraten gehören unbedingt Schwammerl.

Schwammerlsuppe

1 Pfund Schwammerl, feinblättrig geschnitten
50 g Butter
½ Zwiebel, feingehackt
30 g Mehl
1 l Wasser oder Brühe
Salz
Petersilie, feingehackt
⅛ l saurer Rahm

Sie ist eigentlich gar nichts anderes als ein „gestrecktes" Schwammerlgemüse. Man will ja nur erreichen, daß mit weniger Grundsubstanz dennoch die Teller für vier Personen voll werden. Eine Wassersuppe, in der nur ein paar braune Fleck' herumschwimmen, sollte man freilich nicht machen.

Die geschnittenen Schwammerl werden heiß abgebraust. Im Tiegel dünstet man die Zwiebel glasig, gibt die Schwammerl hinzu und läßt sie Saft ziehen. Aus Mehl und Wasser bereitet man ein dünnflüssiges, klumpenfreies Teigerl und rührt es ein, sobald die Pilze keinen eigenen Saft mehr hergeben und anbrennen würden; das merkt man gleich beim Umrühren. Je nach der Zusammensetzung und Beschaffenheit der Schwammerl ist dieser Zeitpunkt zwischen fünf und sieben Minuten eingetreten. Nach dem Verrühren des Mehlteigerls (man kann auch stauben) wird nach und nach warmes Wasser (oder Brühe) dazugegossen, und zwar immer so viel, daß man den Kochprozeß nicht unterbricht. Zuschütten von kaltem Wasser würde die Schwammerl hart und ledrig werden lassen, genauso wie vorzeitiges Salzen. Bei mäßiger Hitze läßt man das Gericht nach dem Aufgießen etwa 10 Minuten garen. Dann zieht man es vom Feuer, rührt den Rahm und die feingehackte Petersilie darunter und schmeckt mit Salz ab.

Saure Schwammerlsuppe

1 Pfund Rindfleisch
1½–1¾ l Wasser
1 Lorbeerblatt
1 Zwiebel, halbiert
2 Pfund gemischte Schwammerl,
feinblättrig geschnitten
1 Prise Pfeffer, ½ EL Salz
½ EL Zucker
1 Stamperl Essig
2 EL Mehl
1 EL Butter

Damit etwas Kraft in dieses Gericht kommt und das Ganze eine gute Mahlzeit wird, setzt man ein Pfund Rindfleisch in gut eineinhalb Liter Wasser kalt zu und kocht daraus mit einer Zwiebel und einem Lorbeerblatt eine kräftige Suppe. Sie wird abgeseiht, und dann erst werden darin die geschnittenen Schwammerl zehn Minuten gekocht. Abgeschmeckt wird die Suppe mit Pfeffer, Salz und Zucker und gut einem Stamperl Essig. Zum Schluß wird eine helle Einbrenne aus zwei Eßlöffeln Mehl und einem Eßlöffel Butter klumpenfrei eingerührt (Einbrenne mit Suppe ablöschen), alles noch einmal aufgekocht, und wenn die Semmelknödel fertig sind, ist's Zeit zum Essen. Damit man gut satt wird, kommt auch das in Würfel geschnittene Rindfleisch noch in die Suppe.

Schwammerlgemüse

2 Pfund Schwammerl,
feingeschnitten
75 g Butter
1 Zwiebel, feingehackt
¼ l saurer Rahm
Salz
1 Strauß Petersilie, feingewiegt

Im Sieb überbraust man die Schwammerl nach dem Putzen und Schneiden mit heißem Wasser und wartet, bis sie gut abgetropft sind. Inzwischen dünstet man die Zwiebel, bis sie glasig ist, in einem Tiegel. Da hinein gibt man die Schwammerl. Ungefähr sieben Minuten lang läßt man sie nun im eigenen Saft ziehen. Sobald man merkt, daß die Soße einzuziehen beginnt, rührt man sogleich den sauren Rahm darunter und schmeckt mit Salz und feingewiegtem Petersilkraut ab. Nun läßt man das Gericht nur noch wenige Minuten leise fertigköcheln (nicht aufkochen). Dabei muß man gelegentlich umrühren.

Schwammerlpichelsteiner

3–4 Markknochen
1 Zwiebel, gehackt
½ Pfund Reherl (Pfifferlinge)
½ Pfund Rotkappen
½ Pfund Steinpilze
1 Pfund rohe Kartoffeln, gewürfelt
1 kleine gelbe Rübe, in Scheiben
1 Stange Porree, in Scheiben
¼ Sellerieknolle, gewürfelt
Salz
Petersilie, feingehackt
Wasser oder Fleischbrühe

Dies ist ein Eintopfgericht wie das Pichelsteiner; nur daß man anstelle von Fleisch Schwammerl verwendet. Die Pilze schneidet man nicht so fein wie etwa zur Schwammerlsuppe oder zum Gemüse, sondern in mundgerechte Stücke wie Fleisch zum Pichelsteiner.

Im Topf wird das Knochenmark ausgelassen und die Zwiebel darin gedünstet; darauf kommt die erste Lage von gewürfelten Kartoffeln, vermischt mit grobgewiegtem Wurzelwerk und Grünzeug (gelbe Rübe, Porree, Sellerie). Nach dem Salzen legt man die erste Schicht Schwammerl ein, und zwar die Reherl. Nun füllt man den Topf lagenweise wie bei Pichelsteiner auf. Es ist gleichgültig, ob man zuerst die Rotkappen oder die Steinpilze hernimmt oder sie vermischt. Oben darauf kommen Kartoffeln. Man gießt mit heißem Wasser oder Brühe den Topf etwa dreiviertel voll und kocht das Gericht bei mäßiger Hitze etwa 20 Minuten. Dann rührt man die Petersilie darunter und serviert. Wer will, kann sein Schwammerlpichelsteiner auf dem Teller noch pfeffern.

Geflügel

Körndlgfutterte

„Gfickerts" nennt man alles, was so in, auf und um einen Bauernhof sein gefiedertes Dasein treibt. Schon um vier Uhr früh kräht der Gickerl auf dem Misthaufen und weist seinen Hennen die besten Futterplätze zu, wo es Würmer und Larven herauszukratzen gibt. Ganz in der Nähe vom Hof scheint die Sonn' auf einen großen Weiher, oder ist's ein Feuerlöschteich? Egal! Da schwimmen ein paar Enten und unter den Obstbäumen fressen die Gäns das Gras ab und knabbern die heruntergefallenen Äpfel an. Im Stadel brütet im Heu eine Truthenn ihre Eier aus – die Bäuerin hat ihr sogar ein paar von den Perlhühnern untergelegt, weil die vor lauter Schreien nicht zum Sitzen kommen. Aber dieses Gschroa vertreibt wiederum die Ratzen, und die Wiesel und Marder bleiben auch deswegen aus. Der jüngste Bub kommt gerade vom Dachboden herab mit fünf jungen Tauben. Eine davon dünstet ihm die Mutter auf Mittag, die anderen verschachert er auf dem Taubenmarkt in der Stadt. Drunten am Bach fallen ein paar Wildenten ein und vom Wald her hört man Fasangickerl krächzen. Die sind im späten Herbst fällig, zur Treibjagdzeit, weil der Bauer auch ein Jäger ist. Kennen Sie einen solchen Hof? Wenn ja, dann sind Sie gut dran! Denn die meisten Ihrer Mitmenschen beziehen ihr Geflügel vom Wochenmarkt oder vom Kauf-Hof. Und die kriegen ihre Ware oft von Höfen, die Farmen heißen und gar nicht einmal im bayerischen oder deutschen Vaterland stehen müssen.

Gott sei Dank kommen jetzt immer mehr Öko-Läden auf und die Massentierhaltung ab.

Aus der frischen Luft

Fasan in Butter

(2 Personen)

1 Fasan
Salz, Pfeffer
150–200 g Butter
1 Zwiebel, geviertelt
2 gelbe Rüben, in Scheiben
Innereien
1 Soßenlebkuchen
¼ Pfund Weintrauben
1 Schuß Rotwein

Damit das magere Fleisch eines Fasans beim Braten nicht ganz ausdörrt, umwickelt man den Vogel bei den meisten Rezepten mit Speckscheiben. Die Stöcklbäuerin bei Pfarrkirchen hat da eine ganz andere Methode. Der Fasan wird, nachdem man ihn innen und außen mit Salz und Pfeffer eingerieben hat, rundherum mit Butterscheiben belegt und in Zellophanpapier eingewickelt. So kommt er in die Reine. Darin ist bereits etwas Butter zerlassen. Nach dem Anbraten mit Zwiebeln und den gelben Rüben wird etwas Wasser dazugegossen, und die Innereien werden beigelegt. Der Fasan selbst hat keinen Anteil an der Soßenbildung: er brät für sich allein in seiner Zellophanhaut. Etwa 1¼ Stunden muß das Gericht im Rohr garen (hin und wieder aufgießen), dann wird die Soße mit einem Stück vom Soßenlebkuchen sämig gemacht und die Zellophanhaut abgenommen. Jetzt kommt der Braten wieder etwa zehn Minuten ins Rohr, damit er sich gut bräunt. In die Soße gibt man Weintrauben. Kurz vor dem Anrichten gießt man noch einen Schuß Rotwein dazu und läßt ihn durchziehen.

Fasan in Hagebuttensoße

(2 Personen)

1 Fasanbrust (geteilt)
2 Keulen, Salz, Pfeffer

Soße:
Zerhackte Fasanenknochen
Wurzelwerk, grobgehackt
Wildgewürz (2 Lorbeerblätter,
5 Wacholderbeeren,
5 Pfefferkörner)
⅛ l Rotwein
1–2 EL Hagebuttenmark
1 Doppelstamperl Madeira
¼ l Wasser
Bratfett

Zur Soße werden die Fasanenknochen zerhackt, kommen in den Tiegel und werden zusammen mit grobgehacktem Wurzelwerk und Wildgewürz angebraten. Dann löscht man mit Rotwein ab, gießt immer wieder mit Wasser auf und kocht das Ganze eine halbe Stunde. Zum Schluß mischt man Hagebuttenmark mit ein paar Spritzern Madeira unter die bereits durchpassierte Soße.
Die gesalzenen und gepfefferten Fasanteile werden in der Pfanne auf dem Herd scharf angebraten und kommen dann zehn Minuten ins Rohr. Sie werden bei „Halbzeit" gewendet. Für die Keulen braucht man eine bis zwei Minuten mehr, bis sie durch sind. Also die Brüsterl vorher herausnehmen.

Fasan auf Maronikraut ▷

1 junger Fasan
etwas Salz
1–2 Semmeln
⅛ l Milch
Butter
abgeriebene Schale von
½ Zitrone
Petersilkraut, feingehackt
Salz, Pfeffer, Muskat
2 Eier
Paprika, edelsüß
½ Apfel, feingewürfelt
2–3 EL geriebene Walnüsse
etwas Zwiebel, feingehackt
Speckscheiben
½ Pfund Maroni
Sauerkraut
Zitronensaft
Zucker

Der sauber gereinigte Fasan wird innen gesalzen. Für die Fülle weicht man die Semmeln in Milch ein, drückt sie aus und verrührt sie mit Butter, geriebener Zitronenschale, Petersilgrün, Salz, Pfeffer, Muskat, den Eiern, etwas Paprika, feinen Apfelwürfeln und den Walnüssen. Zuletzt gibt man noch die in etwas Butter angeschmorte Zwiebel dazu. Mit dieser Mischung füllt man den Fasan. Dann wird er auch außen mit Salz und Pfeffer eingerieben, in große Speckscheiben eingebunden und je nach Größe und Zartheit 45 bis 60 Minuten gebraten. Man nimmt den Speck ab, bräunt den Vogel bei großer Hitze noch 10 bis 15 Minuten nach und schneidet den Speck in kleine Streifen.

Für das Sauerkraut röstet man die Maroni kurz vor, schält sie, entfernt auch die weiße Innenhaut und kocht sie in Salzwasser nahezu gar. Dann gibt man sie in das Kraut, das mit Zitronensaft und einer guten Prise Zucker abgeschmeckt wird. Man richtet den Fasan auf dem Kraut an und legt die Speckstreifen außen herum. Jedenfalls kriegen Sie ihn von Klaus Spiegel im Bräustüberl Widmann in Markt Schwaben so serviert.

Rebhendl im Speckmantel

4 Rebhendl
Salz, Pfeffer
8 Speckscheiben
3 EL Pflanzenfett
Röstgemüse, kleingeschnitten
3 Schöpflöffel Fleischbrühe
2 Stamperl Cognac

Füllung:
3 EL Butter
1 Zwiebel, gehackt
50 g geräuchertes Wammerl,
kleingewürfelt
125 g Schwammerl, feinblättrig
geschnitten
1 Ei
1 Sträußl Petersilie, feingewiegt
4 alte Semmeln, in kleinen
Scheiben

Zuerst bereitet man die Füllung vor. In einem Tiegel wird die Zwiebel mit Butter und dem Wammerl angedünstet. Danach rührt man die Schwammerl der Saison dazu; ob kleinblättrig oder würfelig ist gleich. Auch ein Ei kommt wegen der Bindung in die Fülle und, zwecks dem guten Geschmack, die Petersilie. Das alles wird mit Knödelbrot vermengt und dann eine halbe Stunde in Ruhe gelassen.

Danach salzt und pfeffert man die nackerten Rebhendl ein und drückt ihnen nur soviel von der Füllung in den Bauch, daß nichts herausquillt. Man muß sie nicht zustecken, weil sie in sehr dünne Speckscheiben eingewickelt werden. Die sind so zugeschnitten, daß genau zwei von ihnen einen passenden Mantel für einen Vogel ergeben. Der wird allerdings noch verschnürt wie ein Postpaket.

Die Rebhendl werden in einem Topf scharf angebraten. Da ist Pflanzenfett das Richtige. Dann kommt nach und nach das Röstgemüse dazu (Zwiebeln, Petersilwurzeln, gelbe Rüben, Sellerie, je 30 Gramm). Damit nichts anbrennt, löscht man mit Fleischsuppe ab. Dreimal ein Schöpflöffel, gut verteilt! Die Rebhendl sind in einer Dreiviertelstunde fertig gegart. Deckel zu. Bloß hin und wieder nachschauen, und wenn's nottut, aufgießen. Und vergönnen Sie den vier Rebhendln die zwei Stamperl Schnaps.

Gefüllte Flugente (auch Wildente) ▷

1 gerupfte und ausgenommene
Ente
Gewürzmischung zum Einreiben
aus Salz, Pfeffer, edelsüßem
Paprika, Majoran,
1 Knoblauchzehe, nach Belieben

Füllung:
2 Semmeln, dünn geschält,
gewürfelt
1 Ei
1 kleiner Apfel, feinblättrig
geschnitten
Herz und Leber (der Ente), feingeschnitten
1 EL Sellerieblätter, gehackt
1 TL Kresse, gehackt
Salz-Pfeffer-Mischung

Falls Sie eine Wildente zubereiten möchten, beachten Sie bitte folgendes: man bekommt
sie frisch von Mitte Juli bis Jahresende. Sie darf nicht im Federkleid abhängen, sondern
muß sofort gerupft, ausgenommen und verarbeitet werden. Die Haut der Wildente soll
man mit der Schnittfläche einer halbierten Knoblauchzehe einreiben.

Das braucht es bei der Flugente nicht. Der Vogel wird mit der angegebenen Gewürzmischung innen und außen eingerieben und dann gefüllt. Die Füllung besteht aus zwei
Semmeln, einem Ei, dünnen Äpfelscheiben, feingewiegtem Grünzeug und einer Prise
Salz-Pfeffer-Mischung. Die zugenähte oder zugesteckte Ente kommt in die Bratreine zu
grobgeschnittenem Wurzelwerk und etwas Fleischbrühe. Im vorgeheizten Rohr wird sie
20 Minuten auf der Bauchseite angebraten. Dann wendet man sie, gießt mit Rotwein und
Orangensaft auf und läßt sie eine halbe Stunde weiterbraten. Man verfeinert die Soße
noch mit Preiselbeeren. Nach weiteren 10 Minuten ist der Vogel fertig gegart.

Soße:

1 kleine gelbe Rübe, in Scheiben	das Weiße von 1 Porreestange, in Scheiben	⅛ l Rotwein
1 kleine Petersilwurzel, gewürfelt	2 EL Fleischbrühe	Saft von ½ Orange
		2 TL Preiselbeeren

Aus'm Hennerstall

Suppenhenn

1 Henne
1½ l Wasser
1½ TL Salz
1 Zwiebel, halbiert
2 Lorbeerblätter
2 Gewürznelken
1 Bund Suppensach

Auf dem Land fragt man heut noch: „Wann ißt der Bauer a Henn?" Die Antwort: „Wenn der
Bauer krank is' oder wenn d'Henn krank is!" Zweierlei kann man daraus schließen: 1. Eine
Hühnersuppe (die übliche Zubereitungsart) ist eine kräftigende Kost. 2. Man holt eine
Henne nicht aus dem besten Legealter in den Kochtopf, sondern wartet, bis sie
„ausrangiert" ist, wie man respektlos sagt. Das bedeutet, daß man sie lange Zeit kochen
muß, bis das Fleisch weich ist. Die ausgenommene Henne wird ohne Innereien, Hals und
Flügel, ganz oder halbiert, kalt in Salzwasser zugesetzt. Sobald sie kocht, gibt man zwei
Zwiebelhälften hinzu, deren Schnittflächen auf der Ofenplatte kurz angebräunt wurden.
Außerdem ist an jede ein kleines Lorbeerblatt mit einem rassen Nagerl befestigt. Nach
einer Stunde Kochzeit kommt ein Bund Suppensach in die abgeschäumte Brühe. Alles
zusammen muß nun leicht noch einmal so lange köcheln. Man löst das Fleisch von den
Knochen und gibt es als Einlage zurechtgeschnitten wieder zurück in die (Nudel-)Suppe
oder verwendet es zu Geflügelsalat. Aus den Innereien, dem Kragen und den Flügeln
macht man sich ein Jung (Hühnerklein), das genauso zubereitet wird wie Gansjung.

Perlhuhn in Honig-Rotwein-Soße ▷

1 Perlhuhn (2½–3 Pfund)
je 1 Prise Salz,
weißer Pfeffer,
Majoran,
Paprika, edelsüß
2 EL Salatöl
50 g Pflanzenfett
2 Schalotten, gewürfelt
1 gelbe Rübe, in Scheiben
3 Frühjahrszwiebeln, gewürfelt
½ Tasse Gartenkräuter, gehackt
1 EL Kresse, gehackt
⅛ l Rotwein
2 EL Honig
½ Tasse Rahm

Perlhühner haben ein ausgezeichnetes Fleisch, das Kenner zu schätzen wissen.
Die Perlhühner bereitet man folgendermaßen zu: Sie werden gerupft, gewaschen und geviertelt (Geflügelschere oder scharfes Hackl), und zwar mit einem Längsschnitt und zwei Querschnitten. Das ergibt dann zwei Haxl und zwei Brüstl mit den Flügeln. Diese Teile kommen in eine Schüssel, werden gewürzt, mit Salatöl übergossen und tüchtig durchgeschwenkt. Dann brät man sie in der Pfanne in heißem Pflanzenfett auf beiden Seiten gut an, gibt kleingeschnittenes Gemüse, Kräuter und Kresse hinzu, löscht mit herbem Rotwein ab und schmort das Ganze eine halbe Stunde zugedeckt auf dem Herd oder offen im Rohr bei guter Mittelhitze. Dann richtet man das Fleisch auf einem erwärmten Tablett an und macht die Soße fertig, indem man sie mit Honig, Rotwein und Rahm verfeinert. Sie wird durchgeseiht und über die Hühnerteile gezogen. Mit gefällig geschnittenen und blanchierten Beilagen aus gelber Rübe, Sellerie und Lauch garniert, ergibt das Tablett ein schönes Bild. Aber nimmer lang!

Falsche Wildtauben

2 Haustauben

Beize:
½ Teil Wasser
je ¼ Teil Essig und Rotwein
Wurzelwerk, zerkleinert
½ Zitrone
½ Zwiebel
10 Pfefferkörner
10 Wacholderbeeren

Fülle (160 g):
Hackfleisch
Herz, Leber, Magen, alles
feingewiegt
Schwammerl, feinblättrig
Zwiebel, feingewiegt
Petersilie, feingewiegt
1 Eidotter
Salz, Pfeffer
Paprika, edelsüß
Wildgewürz
1–2 grüne Speckscheiben
1 TL Pflanzenfett

Dies Rezept stammt von der Post-Wirtin in Langquaid: Junge Haustauben werden meistens gedünstet oder gebraten. So können Sie aber Tauben zubereiten, die viele Flugstunden hinter sich haben, also ältere Vögel. Denn sie werden einen Tag in der Beize mürbe gemacht. Man nimmt so viel Flüssigkeit, daß die Tauben bedeckt sind. Das Wurzelwerk besteht aus je einem kleinen Stück gelbe Rübe, Sellerie, Porree und Petersilie.
Die Fülle für eine Taube soll 80 Gramm wiegen. Man mengt sie aus Hackfleisch, den Innereien, Schwammerln der Saison, Zwiebel, Petersilie und Eigelb zusammen. Die gefüllten Tauben werden rundum gewürzt, in einen dünnen Speckmantel gehüllt, zugesteckt und in einem Tiegel mit wenig Fett eine Dreiviertelstunde lang gebraten. Dabei wendet man sie mehrmals, und wenn es erforderlich ist, gießt man etwas Beizflüssigkeit zu, um ein Anbrennen zu vermeiden.
Kurz vor der Garzeit wird nebenher eine dunkle Einbrenne zubereitet und mit einem Schöpflöffel voll Beizflüssigkeit abgelöscht. Auch der Bratenfond wird eingerührt. Die Tauben legt man einstweilen auf eine warme Platte, bis die Soße fertig ist. Sie wird verfeinert mit Preiselbeeren, Rotwein, Cognac und süßem Rahm. Man gießt die Soße in das Bratgefäß, gibt die Tauben wieder hinein und läßt sie noch eine Viertelstunde ziehen. Sie schmecken wie Wildtauben.

Einbrenne:	2 EL Mehl	2 TL Preiselbeeren	1 doppelter Cognac
1 EL Butter	½ EL Zucker	1 Schuß Rotwein	1 EL Rahm

ZWEI KOMISCHE VÖGEL

Der erst ist die Gans. Der alte Wimmer z'Brunnöd hat sie sogar einen „saudummen Vogel" genannt. Denn: „Für oan is a Gans z'viel, und für zwoa is er z'weng!" Ja, die Leut' früher haben noch essen können! Einen Truthahn haben aber zwei nicht geschafft.
Der Truthahn wurde anfangs bei uns in der Küche wie eine Gans behandelt, nämlich als Ganzes gebraten. Beim Essen hat sich dann jeder seinen Lieblingsbissen abgeschnitten. Gans und Truthahn sind begehrte Gerichte zur Kirchweih (3. Sonntag im Oktober). Um diese Zeit ist die Gans noch nicht zu fett und der Truthahn nicht allzu groß.

Gesottene Gans

1 Gans
Salz, Pfeffer
3 gelbe Rüben, in Scheiben
3 Stangen Porree, in Scheiben
1 Zwiebel, halbiert

Oft habe ich an niederbayerischen Stammtischen von jener sagenhaften „gesottenen Gans" gehört, die weitaus besser schmecken soll als eine gebratene, und die Suppe dazu, ja „dagegen is a Hennasuppen a Abspülwasser". Geglaubt habe ich davon kein Wort. Vorsichtshalber fragte ich eine renommierte Regensburger Köchin danach, und diese meinte: „Eine Gans sieden, das ist ja ein Witz! Ja, wer tut denn so was?" Die Rottaler Bauern aber tun das!
Beim „Senftl" in der Nähe von Rotthalmünster haben sie jedes Jahr an die hundert Gäns. Die sind nicht eingesperrt, werden auch nicht gemästet, aber sie bekommen ihr gutes Futter. In der Hauptsache Erdäpfel. Und weil's bei hundert Gänsen auf eine wahrlich nicht zusammengeht, hat mich der Bauer eingeladen. Zur Gesottenen!
Die Arbeit hat natürlich die Bäuerin gehabt: Erst mal die Gans einfangen, schlachten, rupfen, ausnehmen, den Kragen abschneiden und das gruserlgelbe Fett herausnehmen. Denn so eine niederbayerische Gans wiegt gut und gern an die fuchzehn Pfund und ist kein so ein rachitischer Fabrikvogel, wie man sie auf den Wochenmärkten oft sieht. Das Fett einer Bauerngans wird ausgelassen, weil man sich das Gansschmalz für andere Gerichte aufhebt, und den Kragen und die Innereien braucht man extra fürs „Gansjung". Das übrige ist schnell erzählt:
Die Gans wird mit Salz und Pfeffer eingerieben und wie ein Suppenhuhn in heißem Wasser zugesetzt. Gelbe Rüben und Porree werden für die Suppe dazugetan und dann noch zwei Zwiebelhälften, deren Schnittflächen auf der Herdplatte angeröstet wurden. Die Gans braucht drei Stunden, bis sie „durch" ist. Beim „Senftl" hat's dazu gegeben: Wirsing und Karfiol (Blumenkohl) und Leberknödel zur Suppe.
Nicht alle Leute haben daheim einen so großen Tiegel, in den eine Gans paßt. Darum mein Rat: Probieren Sie es doch mit einer halben. Und die können Sie nochmals teilen! Wenn das Fleisch nicht besser schmecken täte wie das vom Suppenhuhn, ja, dann wär die Gans kein besonderer Vogel!

Gansbraten

1 Gans
Salz, Pfeffer
4 rohe Kartoffeln, geviertelt
1 Sträußl Petersil, feingehackt
1 Zwiebel, geviertelt
¾–1 l Wasser

und nicht Gänsebraten, weil es sich bei diesem Rezept nur um eine einzige Gans handelt, dafür aber um eine schwere niederbayerische, ehemals freilaufende, körndlgefütterte. Die ausgenommene Gans wird innen mit Salz und Pfeffer eingerieben, außen aber nur gesalzen. Bei sehr großen und fetten Tieren sollte man das schon am Tag vorher tun. Eine sehr gute und praktische Füllung besteht aus rohen, geviertelten Kartoffeln, vermischt mit feingehackter Petersilie, die man der Gans in den Bauch schiebt. Die Kartoffeln saugen Fett an, so daß davon nicht allzuviel in die Soße geht. Und wer keinen Reibeknödel mag, kann sich an diese köstlich schmeckenden Petersilkartoffeln halten.

Die zugesteckte oder zugenähte Gans wird mit der Brustseite nach unten in die Reine oder in den Bräter gelegt; als Wegzehrung für ihre dreistündige Schwitzkur im bereits vorgeheizten Rohr kriegt sie nur ein paar Zwiebelviertel und einen halben Schöpflöffel voll heißes Wasser mit. Die ersten zwei Stunden gart man die Gans bei guter Mittelhitze; dabei muß man immer wieder mit heißem Wasser auffüllen und den Braten mit Soße übergießen. Das Ende der Garzeit kündet sich dadurch an, daß sich das Fleisch von den Knochen zurückzieht; eine eingesteckte Gabel leistet beim Herausziehen nur noch geringen Widerstand. Jetzt muß man die Gans in der Reine umdrehen und die Brust (des Vogels natürlich) mit kaltem Wasser beträufeln. Das gibt eine rösche Haut, zumal die Ofenhitze gleichzeitig höhergeschaltet wird. Nach einer Viertelstunde wird die Gans wieder gewendet und auch die Oberseite mit kaltem Wasser überzogen. Es erfolgt noch ein Hitzestoß von 10 Minuten, und dann ist's zum Essen.

Gansjung

1 Gansjung
1 Zwiebel mit Nelken besteckt
⅛ l Essig
etwas Zitronenschale, in Streifen
1 Lorbeerblatt
6 Pfefferkörner
Salz
125 g Butter
3 EL Mehl

Unter Gansjung versteht man die Innereien des Tieres, also Herz, Magen und Leber (nicht Lunge), ferner den Kragen mit Kopf, die Flügel und die Füße (ohne Zehen). Vom Kopf werden die Augen ausgestochen und der Schnabel weggehackt, vom Magen die Haut abgezogen. Das Gansjung wird mit den Gewürzen und Essig in Wasser zugesetzt – wer will, kann auch noch Suppengrün mitkochen. Nach etwa einer Stunde Kochzeit läßt sich das Fleisch von den Knochen lösen. Man zerteilt es nun in Eßportionen und schneidet Herz und Magen in Stücke. Den Sud seiht man ab. Nun bereitet man aus Butter und Mehl eine gelbe bis braune Einbrenne, gießt mit dem Gansjungsud auf, legt das Fleisch wieder hinein und läßt das Ganze noch bei kleinem Feuer eine Viertelstunde ziehen. Wenn das Blut der Gans aufgefangen wurde, gehört es ebenfalls zum Jung. Und dazu ißt man natürlich Semmelknödel.

Gefüllter Ganskragen

(2 Personen)

1 Ganshals
1 Pfund Hackfleisch
½ TL Pfeffer
¼ TL Salz
½ TL Hackfleischgewürz
4 EL Semmelbrösel
1 Ei
1 TL Gänseschmalz

Der in Stücke gehackte Ganskragen gehört eigentlich ins Jung (Ragout), zusammen mit Magen, Herz und Flügeln. Die Leber wäre dafür zu schade. Schmankerlkenner braten sie mit feinstgehackten Zwiebeln kurz auf beiden Seiten im Pfanndl und genießen eine Delikatesse. Bei unserem Gericht brauchen leidenschaftliche Gansjung-Esser nicht auf den Ganshals zu verzichten; bloß auf die Haut, und die ist im gekochten Zustand ohnehin „letschert".

Wer eine Gans kauft, kriegt die Zutaten fürs Jung gesondert. Da ist auch der Kragen mit dem Kopf dabei. Man schneidet unterhalb des Kopfes die Haut bis zu den Knorpeln ein und zieht den Kopf mitsamt den Halswirbeln heraus. Dies tut man zum Jung; der leere Hals aber wird zur Wursthaut umfunktioniert. Dafür braucht man eine Füllung. Sie wird aus den genannten Zutaten in einer Schüssel zusammengerührt und in den unten zugebundenen Ganskragen gedrückt. Das macht man mit Suppenlöffel und Daumen. Dann wird die Wurst auch oben verschnürt, kommt in die Reine zu etwas heißem Wasser und wird im Rohr bei 200°C eine halbe Stunde gebraten, wobei man sie gegen Ende der Garzeit mit Gänseschmalz bestreicht. Das gibt eine rösche Haut.

Truthahn-Rollbraten

1 ausgelöster Truthahn
Suppe aus den Knochen

Fülle:
4 alte Semmeln, entrindet, feingeschnitten
etwa ¼ l Wasser oder Milch
3 Eier
100 g Champignons, blättrig geschnitten
1 grüne Paprikaschote, gehackt
100 g gekochter Reis
3 Tomaten (oder etwas Mark)
100 g geräuchertes Wammerl
Butter zum Bestreichen

Soße:
¼ Tasse Mehlwasser
2 EL saurer Rahm
2 TL scharfer Senf
1 Schuß Weißwein
Salz, Pfeffer

Der Truthahn wird ausgelöst. Die Filets, Keulen, Flügel und den Kragen hebt man sich für die nachfolgenden Gerichte auf. Aus den gehackten Knochen wird eine Suppe gekocht. Für die Fülle des Bratens verwendet man feingeschnittene und abgerindelte alte Semmeln, die man in Wasser oder Milch eingeweicht und ausgedrückt hat. Hinzu kommen drei ganze Eier, blättrig geschnittene Champignons oder auch andere Schwammerl, eine gehackte grüne Paprikaschote, Reis und das Ausgedrückte von drei Tomaten.

Das Truthahnfleisch wird auf dem Arbeitstisch ausgebreitet, dann gibt man in die Mitte die Fülle, schlägt das Fleisch darüber und umwickelt es gut mit Faden. Die Unterlage in der Reine ist Räucherspeck, entweder in dünnen Scheiben, Streifen oder in Würfeln. Vor dem Einlegen wird der Vogel fest mit Butter bestrichen. Er muß etwa 1½ Stunden braten. Dabei soll man ab und zu mit der Knochensuppe aufgießen und den Braten öfter mit Butter bestreichen. Dann wird er warm gestellt und in der Reine die Soße fertiggemacht, und zwar mit Mehlwasser, saurem Rahm, scharfem Senf, einem Schuß Weißwein und Salz und Pfeffer.

Gefüllte Truthahnbrust

1 Truthahnbrust
1–2 Stangen Porree, in Scheiben
1 Truthahnleber
1 Kalbsbries (ca. 100 g), gekocht
125 g Champignons, blättrig
geschnitten
1 Dutzend grüne Pfefferkörner
½ Tasse Rahm, etwas reduziert
1 Schweinsnetz
Salz, Pfeffer aus der Mühle
5 Scheiben roher magerer
Schinken, à 80 g
1 ausgezogener Strudelteig
80 g Butter

Die Truthahnbrust wird quer halbiert und aufgeklappt, so daß sie ihren flächigen Umfang verdoppelt. Darauf verteilt man angekochten Porree und gibt in die Mitte die ganze Leber. Um sie herum legt man das gekochte Kalbsbries in Streifen, dann die blättrigen Champignons und würzt mit grünen Pfefferkörnern. Das Ganze wird mit reduzierter Sahne übergossen. Wenn sie eingezogen ist, wickelt man alles in ein Schweinsnetz, würzt kräftig mit Salz und Pfeffer und bedeckt das Ganze mit nebeneinander gelegten dünnen, mageren Schinkenscheiben. Diese Packung umhüllt man dann mit einem fertigen Strudelteig und bäckt die gefüllte Truthahnbrust in der gebutterten Reine eine Stunde bei einer Hitze von 180 °C im Rohr.

Truthahn-Ragout

1 Flügel, Kragen
2 Innereien (außer Lunge und
Leber)
50 g geräuchertes Wammerl,
gewürfelt
Knochenbrühe
Blut (falls aufgefangen)
Leber
¼ Tasse Mehlwasser
3 EL saurer Rahm
1 Schuß Rotwein
Salz, Pfeffer, Zucker
Paprika, edelsüß

Die Fleisch- und Knochenteile werden in mundgerechte Stücke geschnitten bzw. gehackt, auf gewürfeltem Räucherspeck angebraten und, sobald nötig, mit Knochenbrühe aufgegossen. Wenn vorhanden, gehört auch das Blut ins Ragout. Das Ganze muß – stets leicht mit Flüssigkeit bedeckt – etwa eine Stunde schwach kochen. Erst anschließend darf man die Leber dazutun, weil sie sonst hart werden würde. Zum Schluß wird die Soße mit Mehlwasser (ganz wenig Mehl) angedickt und danach (nicht mehr kochend) mit saurem Rahm und einem Schuß Rotwein verfeinert. Abgeschmeckt wird mit Salz, Pfeffer, süßem Paprika und Zucker.

Truthahn-Filets

einige Scheiben Räucherspeck
etwas Knochenbrühe
¼ Tasse Mehlwasser
2 EL saurer Rahm

oder Schnitzel machen die wenigste Arbeit. Sie werden im Tiegel auf Räucherspeckscheiben allseits gut angebraten und mit etwas Knochenbrühe aufgegossen. Nach einer knappen halben Stunde rührt man noch ein wenig Mehlwasser und Sauerrahm darunter und läßt dies am Herdrand 5 Minuten einziehen. Die Schnitzel bringen einen derart delikaten Eigengeschmack mit, daß sich jegliches Würzen erübrigt.

FISCH

FLUSSPIRATEN – SEERÄUBER – FRIEDFERTIGE

Die in unseren bayerischen Gewässern schwimmenden Flosseninhaber kann man in Fleischfresser und Vegetarier einteilen. Freilich kriegen die Ersteren meist nur Fischfleisch zwischen die Kiemen, weil ihnen die Frösch' davonhüpfen und auf die Wassergeflügelbrut die jeweiligen Mütter gut aufpassen. So fühlen sie sich kannibalisch wohl nur unter sich und laden einander zum Essen ein. Das heißt: die Großen die Kleinen!
Die gierigsten Räuber sind die Forellen mitsamt ihrer Verwandtschaft aus der Salmoniden-Familie. Große Beutebrocken können die Waller und Huchen verschlingen und die Adeligen, wie Hecht und Zander, lauern versteckt auf vorbeiziehende Karawanen. Darunter befinden sich viele friedfertige Pilger, die auf der Suche nach pflanzlicher Kost sind, wie zum Beispiel die Graskarpfen oder die, welche sich mit Familiennamen „Weiß" schreiben.

Ob Raub- oder Friedfische, wenn sie Pech haben, landen sie ja doch im Netz oder an der Angel ihrer Vorgesetzten, der Fischer. Von da an ist's dann nicht mehr weit bis zur Küche. Wie's darin weitergeht, steht in unserem Rezeptteil.

Suppen

Fischrogensuppe

50 g Fett
½ Zwiebel, gehackt
80 g Mehl
1 l Wasser
2 TL Salz
1 Prise weißer Pfeffer
200 g Fischrogen
1 EL Grünzeug, gehackt
Weißbrotwürfel, geröstet

Die Eier der Fische nennt man Rogen. Sie schmecken am besten vom September bis Mai. Den Rogen bekommt man spottbillig vom Fischhändler, wenn nicht gar geschenkt, weil kaum jemand weiß, wie gut er in der Suppe schmeckt. Die Eier aller Fluß- und Seefische eignen sich für die Küche. Lediglich der Barbe-Rogen ist giftig. Den Rogen vom Stör kriegt man freilich nicht zum Niedrigpreis. Denn das ist der echte Kaviar.

Man läßt im Tiegel das Fett zerlaufen und dünstet die Zwiebel goldbraun an. Dann rührt man Mehl dazu, bis eine helle Einbrenne entstanden ist. Danach wird mit warmem Wasser nach und nach aufgegossen und alles klumpenfrei verrührt. Gewürzt wird mit Salz und weißem Pfeffer. Vor dem Kochen kommt der Fischrogen dazu. Dieser ist von einem dünnen Häutchen umgeben, das man abziehen muß. Die winzig kleinen Fischeier sehen aus wie grobkörniger Grieß. Man läßt die Suppe einmal aufkochen und dann eine Viertelstunde leicht dahinköcheln. Zum Schluß streut man gehacktes Grünzeug darüber. Obenauf kommen noch in Butter abgeröstete Weißbrotwürfel.

Fischsuppe

(6 Personen)

2 l Wasser
1 gelbe Rübe, in Scheiben
3 Petersilwurzeln mit ihrem Grünzeug, geschnitten
1 Zwiebel, gehackt
1 Porreestange, in Scheiben
5 rohe Kartoffeln, geviertelt
2 TL Salz
2½ Pfund Fischfleisch
2 TL Paprika, edelsüß
½ TL Paprika, scharf
etwas Knoblauch (evtl. Granulat)

Die Senior-Wirtin vom bekannten Fischerstüberl in Gaishofen in Niederbayern hat Schwanz und Kopf eines Donauwallers für diese Suppe hergenommen. Es war ein großer Fisch, und daher mußte sie das Gericht für sechs Esser anrichten. Sie können die Suppe mit allen fleischhaltigen Abschnitten jeglicher Fische zubereiten.

Als erste kommen die Scheiben der gelben Rübe ins kochende Wasser, weil die am längsten brauchen. Nach zehn Minuten gibt man die geschnittenen Petersilwurzeln mit dem Grünzeug dazu, dann die grobgeschnittene Zwiebel, den unteren Teil einer Porreestange in Scheiben und die Viertel von fünf mittelgroßen Kartoffeln. Gewürzt wird zunächst nur mit Salz. Nun kommt das Fischfleisch in die kochende Brühe. Nach einer halben Stunde deckt man ab, nimmt die Fischteile heraus, löst sie von Knochen, Gräten oder Flossen, gibt sie wieder hinzu und läßt das Ganze noch fünf Minuten köcheln. Dabei schmeckt man mit Paprika und Knoblauch ab.

Zandersuppe unter der Haube

(2 Personen) ▷

50 g Butter
2 gelbe Rüben, in Scheiben
1 Stange Porree, in Scheiben
⅛ l herber Frankenwein
100 g Champignons, blättrig
geschnitten
¼ l Fleischbrühe
250 g Zanderfilet, in Streifen
geschnitten
Salz
5 grüne Pfefferkörner
2 kleine Tomaten, gewürfelt
1 TL Dill, feingehackt
1 EL Petersilie, feingehackt
1 Messerspitze Safran
1 Eidotter
fertiger Blätterteig

Man dünstet im Topf die gelben Rüben und Lauch kurz in Butter an und löscht mit einem guten Schuß Weißwein ab. Wenn das Gemüse weichgekocht ist, kommen die Champignons dazu und die Fleischbrühe. Man läßt kurz aufkochen und gibt das in Streifen geschnittene, halbfingerlange Fischfilet hinein. Wenn sich das Zanderfleisch weißlich färbt, hat sich das Eiweiß gebunden, und es ist Zeit zum Würzen: eine Prise Salz, einige grüne Pfefferkörner, Tomaten, Dill, Petersilie und eine Messerspitze Safran. Die heiße Suppe füllt man in zwei feuerfeste große Tassen und bestreicht deren Ränder mit Eigelb. Das ist das Klebemittel für einen rundgeschnittenen Blätterteig, der als Deckel auf die Tassen kommt und ein paar Zentimeter überhängt. Was vom Eidotter übrig geblieben ist, verstreicht man auf dem Blätterteig. Die Tassen kommen nun bei 200 °C ins vorgeheizte Rohr. Nach 10 Minuten kann man sie herausnehmen. Der Blätterteig hat sich zu einer Haube von der Größe einer riesigen Semmel aufgeblasen. Wenn man sie mit dem Löffel aufsticht, ist man sofort begeistert von dem würzigen Aroma dieser einmaligen Fischsuppe, und man brockt weiter ein und löffelt aus. Wo's das gibt? Auf jeden Fall in der „Bierhütte" zwischen Grafenau und Freyung.

Bayerbacher Fischsuppe

(8 Personen)

2 Pfund Fischteile
2 l Wasser
¼ l herber Weißwein
50 g Butter
1 große Zwiebel, gehackt
1 gelbe Rübe, in dünnen
Scheiben
50 g Porree, in Scheiben
50 g Sellerie, gewürfelt
1 EL Salz
1 TL Pfeffer
Saft von 1 Zitrone
1 Dutzend Wacholderbeeren
1 Lorbeerblatt
1 Knoblauchzehe, zerdrückt
Grünzeug, Petersilie,
Schnittlauch, gehackt
1 Stamperl Cognac

Die Fische werden in solche Portionsstücke geschnitten, wie man sie später essen möchte. Als erstes setzt man Köpfe, Schwänze, Flossen und besonders grätenreiche Teile in lauwarmem Wasser und herbem Frankenwein zu. Sie sollen gut eine Viertelstunde kochen. Dann kommen diese Abschnitte heraus und werden weggetan.
Nebenher bereitet man das Wurzelwerk zu. Die Zwiebel wird in zerlaufener Butter goldbraun angeschwitzt. Dann kommen die übrigen Gemüse hinzu. Das Ganze wird verrührt und „bis zum Biß", also nicht ganz weich, gedünstet.
In den Sud aus den entfernten Abschnitten legt man nun die Fischteile ein, die man sich in die gewünschte Form geschnitten hat. Feinschmecker verwenden ausschließlich Filets. Dann wird das gedünstete Gemüse eingerührt und mit dem Würzen begonnen. Diese Suppe verträgt gut und gern einen Eßlöffel Salz, einen Teelöffel Pfeffer (aus der Mühle), den Saft einer ganzen Zitrone und ein Dutzend Wacholderbeeren. Das alles darf, zusammen noch mit einem Lorbeerblatt und einer zerdrückten Knoblauchzehe, ab jetzt nicht mehr kochen, sondern bloß noch leise dahinziehen, etwa 10 Minuten. Die Hälfte des kleingehackten Grünzeugs kann diesen „Fischzug" mitmachen, der Rest aber wird erst kurz vor dem Servieren in die Suppe gerührt, genauso der Schnaps. So macht's die Küchenmeisterin Maria Hölzl im Gasthof „Zur Post" zu Bayerbach im Rottal.

DIE SCHLANKEN

Seesaibling in Weißwein

4 Portionsfische
Salz
1 Zwiebel, feingehackt
¼ Pfund Champignons, blättrig
geschnitten
50 g Butter
¼ l Weißwein
Salz, Pfeffer
1 TL Stärkemehl
1 Spritzer Zitronensaft
1 Prise Zucker

Die Saiblinge werden gesalzen und einstweilen beiseite gelegt. Dann dünstet man im Topf die Zwiebeln und Champignons in Butter an, übergießt sie mit dem Weißwein und schmeckt mit Salz und Pfeffer kräftig ab. Jetzt kommen die Fische hinzu. Das Ganze läßt man im geschlossenen Topf 20 Minuten dünsten. Danach nimmt man die Saiblinge heraus und hält sie auf der Anrichteplatte warm. Inzwischen bindet man die Soße mit Stärkemehl, schmeckt sie mit Zitronensaft und Zucker ab und gießt sie anschließend über die Fische.

Bachsaiblingschnitten in Rotwein

1½ Pfund Fisch
Salz, Pfeffer
100 g Butter
¼ l Rotwein
Fischgewürz
100 g Walnußkerne, gerieben

Hierzu eignen sich auch größere Fische. Man schneidet sie in ungefähr 3 cm lange Stücke, reibt sie mit Salz und Pfeffer ein und brät sie in Butter auf beiden Seiten an. Dann nimmt man sie heraus und stellt sie warm. Der Bratenfond wird mit Rotwein aufgegossen und pikant abgeschmeckt. Dann kommen die Fische wieder hinzu. Man bestreut sie mit geriebenen Walnüssen und läßt das Ganze zugedeckt eine Viertelstunde dünsten.

Chiemsee-Renken, gebacken

2 Renken zu je 1 Pfund
Mehl zum Panieren
Salz, Pfeffer
2 EL Butterschmalz
Saft von ½ Zitrone

Das Rezept stammt von der „Austrags"-Wirtin Susanne Obermair, einst weitbekannt als „Lercherl vom Chiemsee", eine gefeierte Sängerin also. Sie war aber auch eine begeisterte Köchin und stand 60 Jahre lang im Gasthaus „Zur schönen Aussicht" in Breitbrunn am Herd. Wie viele Fisch' sie wohl schon gebraten hat? „Hunderttausend langen net" meint sie. Vor allem waren es Renken, die den Chiemsee und die bayerischen Alpenseen als Zuhause lieben.
Die Fische werden innen und außen gesalzen, und dann kommt das „außerdem": nämlich bloß außen eingepfeffert. Man wendet sie in Mehl und brät sie in der Pfanne in Butterschmalz braun. Für jede Seite sind drei Minuten im heißen Fett vorgesehen. Dann kommen sie noch zehn Minuten bei Mittelhitze (175 bis 200 °C) ins Rohr, worin sie noch gut durchziehen. Erst nach dem Servieren mit Zitronensaft beträufeln! Beilagen: grüner Salat, Kartoffelsalat.

Bodensee-Blaufelchen in weißer Soße

4 Felchen à 300 g (filetiert)
Saft von ½ Zitrone
Salz, Pfeffer
etwas Worcestersoße
Mehl
80 g Butter
¼ l Weißwein
2 Tomaten, klein gewürfelt
250 g Champignons, blättrig
geschnitten
2 EL Kräuter der Saison,
feingewiegt
¼ l Rahm
1 EL Mehlbutter
etwas Glutamat
2 EL Rahm

Man braucht eine große Pfanne, in welche die acht Filets passen. Diese werden zuerst mit Zitronensaft beträufelt, mit Salz und Pfeffer eingerieben und mit etwas Worcestersoße betupft. Ganz leicht beiderseits bemehlt, kommen sie zu der zerlassenen Butter in die heiße Pfanne und werden auf jeder Seite gut angebraten. Dann löscht man mit Weißwein ab, gibt die kleingewürfelten Tomaten hinzu, dann die Champignons und die Kräuter der Saison. Petersilie und Dill sollten dabei sein. Nach dem Wenden der Filets läßt man alles gut durchkochen, füllt mit Rahm auf und läßt noch ein wenig ziehen. Dann nimmt man die Fische aus der Pfanne, richtet sie auf einer vorgewärmten Platte an und bedeckt sie, bis die Soße fertig ist, mit Alu-Folie. Die Soße wird mit einer eingerührten Mehlbutter-Kugel verdickt. Man schmeckt ab mit Glutamat, Salz, Pfeffer, kocht alles noch einmal gut durch und läßt zum Schluß noch etwas Schlagrahm einziehen. So kommt die Soße über die Fische. Dazu passen grüner Salat und Petersilkartoffeln.

Dieses und viele gute Bodenseefisch-Gerichte kriegt man im Gasthof „Zum Sünfzen" in Lindau.

―――――――――――――――― *DIE DICKEN* ――――――――――――――――

Graskarpfen in Gemüse

1 Graskarpfen (2 Pfund)

Sud:
2 l Wasser
½ TL Salz
⅛ l Essig
1 Lorbeerblatt
12 Wacholderbeeren
12 Pfefferkörner
1 Prise Zucker
2 Zitronenscheiben

Gemüse:
125 g gelbe Rüben in Streifen
125 g Porree in Scheibchen
2 Zwiebeln in Ringen
125 g Sellerie in Streifen
1 Stück Krenwurzel

Man kennt sie bei uns erst seit Kriegsende. Man hat sie aus den russisch-chinesischen Grenzflüssen Amur und Issuri geholt und in unseren Gewässern heimisch gemacht: die Graskarpfen. Sie sehen eigentlich mehr den Weißfischen ähnlich und fressen täglich das 7fache ihres Körpergewichtes. Allerdings bloß Gras. Gras, das im Wasser wächst. Gras, das manchen See verlanden lassen würde. In diese Gefahrengebiete hat man nun die mongolischen Fische eingesetzt und läßt sie erfolgreich grasen. Manche von ihnen müssen auch für bayerische Köchinnen ins Gras beißen. Denn inzwischen weiß man, daß sie (die Fische) ein festes Fleisch haben, wenige und große Gräten und geschmacklich „so zwischen Hecht und Zander" (Zitat eines Fischers) liegen.

In dem Sud läßt man den in 4 Tranchen geschnittenen Fisch mit den Gemüsen einmal aufkochen, dann 30 Minuten ziehen. Er wurde, da portiert, heiß zugesetzt. Wenn er fertig ist, richtet man ihn auf einer vorgewärmten Platte an, überzieht ihn mit dem feingeschnittenen Gemüse und reibt noch etwas Kren daran. Dazu gibt's heiße, zerlassene Butter und Petersilkartoffeln.

Bierkarpfen

▷

1 Karpfen (ca. 2 Pfund)
1 Zwiebel, feingehackt
50 g Butter
20 g Mehl
½ l Bier
1 gelbe Rübe, feingeschnitten
1 Scheibe Sellerie, fein-
geschnitten
1 Petersilwurzel, feingeschnitten
6 Pfefferkörner, Salz
Karpfenblut in Essigwasser

Für dieses Rezept braucht man das Karpfenblut. Viel von dem roten Lebenssaft hat er ja nicht in sich, dieser dicke Kaltblüter; meist kann man aus ihm nicht mehr herausholen, als man Milch für eine Tasse Kaffee braucht. Man muß das Blut sogleich mit etwas Essigwasser verdünnen, damit es nicht gerinnt (ein Eßlöffel Essig und zwei Eßlöffel Wasser genügen). Den Karpfen zerteilt man in Portionsstücke oder halbiert ihn der Länge nach. Dann dünstet man in einer Kasserolle die Zwiebel in Butter weich, stäubt Mehl darüber (oder Lebkuchenbrösel), löscht mit dunklem Bier ab und läßt wieder aufkochen, wobei man das feinblättrig geschnittene Wurzelwerk und die Pfefferkörner dazugibt. In den Kochsud gießt man nun das mit Essigwasser verdünnte Karpfenblut und legt die Portionsstücke des Fisches dazu. In etwa einer Viertelstunde ist der Karpfen durchgegart, wobei immer wieder mit der Soße übergossen werden muß.

Waller in Rahmsoße

2 Pfund Waller
Butter
⅛ l Weißwein
½ Tasse Rahm
Salz, Pfeffer, Muskat
reichlich Petersilkraut, gehackt
etwas Zitronenschale,
abgerieben, Saft von 1 Zitrone
1 Prise Zucker

Der Waller wird in eine gebutterte Rein gelegt, dann übergießt man ihn mit dem Weißwein und ½ Tasse Rahm, bestreut mit etwas Salz, Pfeffer, Muskat, reichlich Petersilie, ein wenig geriebener Zitronenschale und einer Prise Zucker und träufelt etwas Zitronensaft darüber. Der Fisch wird im Rohr langsam gar gedämpft und mit Salzkartoffeln aufgetragen.
Waller steht im Bräustüberl in Passau-Hacklberg oft auf der Speisenkarte, und zwar in verschiedenen Variationen. Jede davon ist eine Köstlichkeit.

Schleie in Speckwürfeln

4 Schleien

Sud:
1 l Wasser
2 TL Salz
1 ganze Zwiebel
½ TL Pfeffer
1 Lorbeerblatt
3 EL Essig
1 TL Butter

In dem heißen Sud läßt man die gesäuberten Schleien 15 bis 20 Minuten ziehen und stellt sie anschließend auf einer Platte warm. Dann schneidet man Speck und Weißbrot in Würfel, die Zwiebel in Ringe. Den Speck brät man in der Pfanne langsam aus und röstet die Zwiebelringe und Brotwürfel hellbraun mit. Aus Butter, Mehl, Fischsud und Zucker bereitet man eine helle Soße. Damit überzieht man die angerichteten Fische und verteilt darauf noch den Inhalt der Pfanne. Dazu gibt es Salzkartoffeln und ein Glas trockenen Wein, denn der Fisch muß schwimmen!

Soße:	2 Zwiebeln	¼ l Fischsud
125 g Speck	200 g Butter	etwas Zucker
3 Scheiben Weißbrot	200 g Mehl	

Gebratener Isar-Huchen

(6 Personen)

4 Pfund Huchen
Saft von 1 Zitrone
etwas Worcestersauce
Salz, Pfeffer, Mehl
50 g Butter

Soße:
100 g Butter
80 g Zwiebeln, gehackt
2 EL Petersilie, feingewiegt
⅛ l beliebiger Bratensaft
1 TL Worcestersauce
1 EL Zitronensaft

Der Fisch wird in zweifingerstarke Tranchen geschnitten, mit Zitronensaft und Worcestersauce beträufelt, dann erst gesalzen und gepfeffert (in umgekehrter Reihenfolge würde man ja die festen Gewürze wegspülen). Das Kopffleisch tut man als Einlage für eine gute Fischsuppe beiseite. Man wendet die Tranchen leicht in Mehl, klopft sie ab und brät sie in heißer Butter auf jeder Seite fünf Minuten. Durch das Mehlieren bekommt der Fisch in der Pfanne eine schöne Farbe; außerdem wird der austretende Fleischsaft ans Mehl gebunden und bleibt so am Fisch. Für die Soße werden Zwiebeln und Petersilienkraut in Butter angeröstet, mit beliebigem Bratensaft aufgekocht und mit Worcestersauce und Zitronensaft verfeinert.

_____ *DIE ADELIGEN* _____

Gebratener Chiemsee-Zander

1 Zander (ausgenommen
2–2½ Pfund)
Saft von einer Zitrone
Salz, Pfeffer
2 EL Petersilie, feingehackt
1 EL Butter
2 kleine gelbe Rüben,
feingehackt
1 kleine Stange Porree, fein-
geschnitten
1 kleine Zwiebel, feingehackt
1 Petersilienwurzel, feingehackt
50 g Sellerie, geraspelt
¼ l saurer Rahm
¼ l Fleischbrühe

Den ausgenommenen und gewaschenen Fisch beträufelt man innen und außen mit Zitronensaft und reibt ihn eine Stunde später mit Salz und Pfeffer ein. Darauf wird er innen noch mit einer Mischung aus Butter und feinstgehackter Petersilie bestrichen. So legt man ihn in eine ausgebutterte Reine und läßt ihn im vorgeheizten Rohr bei 200 °C kurz anbraten (3 Minuten auf jeder Seite). Dann gibt man das feingeschnittene Wurzelwerk dazu und gießt die Hälfte vom Sauerrahm über den Fisch. Nach einer Viertelstunde kommt die Fleischbrühe in die Reine. Ab jetzt muß das Gericht nochmals eine Viertelstunde garen, wobei man den Fisch mehrmals mit dem restlichen Sauerrahm bestreicht, bis er verbraucht ist.

Den Fisch warm halten, die Soße durchpassieren und dann den Fisch damit überziehen. Dazu gibt's Salzkartoffeln.

Zanderfilet in Käsesoße

4 Zanderfilets (je ca. 200 g)
Saft von ½ Zitrone
Salz, Pfeffer, 60 g Butter
1 Zwiebel, kleingewürfelt
¼ l Weißwein, ¼ l Fischsud

Überzug:
200 g Weißbrot, gerieben
80 g Sellerieblätter
120 g Schimmelkäse

Soße:
Verbliebener Bratfond
½ Tasse Fischsud
¼ l Crème fraîche
60 g Butter, gewürfelt
50 g Schimmelkäse, zerdrückt
30 g Sellerieblätter, kleingeschnitten
1 Spritzer Zitronensaft

Die Filets werden zuerst mit Zitronensaft beträufelt, dann mit Salz und Pfeffer leicht gewürzt. Man legt sie in eine Pfanne, in der bereits Zwiebelwürferl in Butter hellgelb angedünstet sind. Abgelöscht wird mit einem herben Frankenwein und etwas Fischsud, in dem die Abschnitte der Zander ausgekocht worden sind. Die Filets köcheln etwa 5 Minuten auf jeder Seite in der Pfanne. Dann legt man sie auf eine vorgewärmte Platte und versieht sie mit einem Überzug. Den hat man sich mit der Gabel aus geriebenem Weißbrot, feingehackten Sellerieblättern und Schimmelkäse zusammengedrückt. Mit dem daumendick aufgetragenen Überzug kommen die Filets drei Minuten ins Rohr, wobei man sie der Oberhitze aussetzt. Wenn der Käse geschmolzen ist, sind sie fertig. Die Grundsubstanz für die Soße bildet der in der Pfanne verbliebene Fischfond, dem nun nach und nach Fischsud, Crème fraîche, Butterwürfel, zerdrückter Schimmelkäse (z. B. Bavaria blue) und zerzupfte Sellerieblätter einverleibt werden. Abgeschmeckt wird mit etwas Zitronensaft. Die Soße muß bis zur Hälfte einkochen. – In der Zoo-Gaststätte in Augsburg ist dieses Gericht der Renner auf der Freitags-Speisenkarte.

Hecht in Kraut

1 Hechtfilet (ca. 600 g)
Saft von ½ Zitrone
Salz, Pfeffer
1 EL Petersilie, gehackt
1 EL Dill, feingeschnitten
1 EL Estragon, gehackt
1 Dutzend Wacholderbeeren
400 g Sauerkraut
3 Eier
1 Tasse Rahm
100 g Spinatblätter
6 Lorbeerblätter

Man schneidet das Hechtfilet quer in Abständen von 1½ cm fächerförmig ein oder ganz durch. Diese „Ziehharmonika" beträufelt man mit Zitronensaft, würzt auf und zwischen den „Fächern" leicht mit Salz und Pfeffer und streut gehacktes Grünzeug darüber. Inzwischen erwärmt man das Sauerkraut mit den Wacholderbeeren und verquirlt drei Eier mit der Hälfte vom Rahm. Dann legt man eine Auflaufform mit 200 g Kraut aus, verteilt die Hälfte des Blattspinats und 3 Lorbeerblätter darüber und läßt schließlich auch noch das halbe Eier-Rahm-Gemisch einziehen. Dann wird der Hecht vorsichtig eingelegt, so daß er „in Form bleibt". Die aus der Gesamtmenge übriggebliebenen Zutaten kommen dann auf den Fisch: Lorbeerblätter, Blattspinat, Kraut und Eierrahm. Zusätzlich wird von der Seite her noch eine halbe Tasse süßer Rahm zugegossen. Dann stellt man die Auflaufform in ein größeres Gefäß mit heißem Wasser, das die Form drei Viertel hoch umgibt. So wird das Fischgericht im Bratrohr bei mäßiger Hitze eine halbe Stunde gegart. Die Wassertemperatur darf dabei 80 °C nicht übersteigen. Der Wirt vom Brauereigasthof Schnitzelbaumer in Traunstein behauptet, diese Speise sei ein Lieblingsgericht des Märchenkönigs Ludwig II. gewesen. Wenn das kein Märchen vom Obermaier Wastl gewesen ist, dann ist's pfeilgrad wahr.

DIE G'MISCHTEN

Steckerlfisch ▷

Heringe
Makrelen
Forellen
Renken
Weißfische
Salz
Pfeffer
Butter oder Öl
Mehl

Es gibt zwei Möglichkeiten, an sie heranzukommen. Man läßt sie sich auf dem Oktoberfest oder auf einem sonstigen Volksfest schmecken (da kriegt man meistens bloß Heringe oder Makrelen), oder man brät sie sich selbst über der offenen Glut. Das tun Sportangler gern, wenn sie ein privates Fischerfest abhalten, wozu sie auch (ausnahmsweise) ihre Frauen einladen. Die Fische werden ausgenommen, gesäubert, innen gesalzen und gepfeffert und außen nur gesalzen oder mit Salzwasser bepinselt. Man zieht sie auf Stöcke (Weiden- oder Haselnußruten) auf und steckt sie schräg über die Glut. Bei Bedarf muß man sie wenden. Weißfische werden seitwärts in fingerbreiten Abständen leicht eingeritzt, damit die kleinen Gräten verbrennen. Es gibt auch die Methode, Edelfische in Mehl zu wenden und beim Braten mit Fett zu beträufeln oder zu bepinseln. So gesehen im Sporthotel Reutmühle in Waldkirchen.

Fischpflanzl

600 g Fisch
50 g Zwiebeln, gehackt
50 g Porree, in Scheiben
20 g Petersilkraut, gehackt
2 Eier
Salz, Pfeffer
3 EL Semmelbrösel
1 Schuß Pils-Bier

Panierung:
Mehl zum Wenden
1 Ei
Semmelbrösel

Backfett:
Zuerst Öl, dann Butter

Das Ergebnis schaut aus wie ein Fleischpflanzl und schmeckt natürlich nach Fisch. Dafür eignen sich fast alle Kiementräger vom Atlantischen Ozean bis zum Grasenseer Mühlbach. Freilich sollte man die Köpfe, Schwänze, Flossen oder das Rückgrat lieber für einen Suppenansatz hernehmen und sie nicht dem Fleischwolf anvertrauen. Der frißt lieber „gute Bröckerl" ohne grobe Gräten, also Filets zum Beispiel. Es lohnt sich also auch, Weißfische, die im Geschmack ganz vorzüglich sind, zu filetieren. Zuerst läßt man das Fischfleisch durch die Maschine, dann die leicht angeschwitzten Gemüse, wie Zwiebeln, Porree und Petersilkraut. Das alles vermengt man gut mit Eiern, Salz, Pfeffer, Semmelbröseln und einem Schuß Pils. Der Kirchenwirt in Pfarrkirchen hat gesagt, er macht das mit den Fingern, weil's da besser geht, und zeigt es bloß für den Fernseher mit dem Kochlöffel her. Hernach, zum Formen der Pflanzl muß man ja ohnehin die Händ' hernehmen. Man kann sie panieren oder so, wie sie sind, in Öl oder Pflanzenfett braten bzw. backen. Wer gern Fischwürstl mag, braucht die Masse bloß in gewünschten Portionen durch einen Spritzbeutel zu drücken und in leichtem Salzwasser zu kochen. Sie laufen ein wenig auf und schauen dann aus wie „Gschwollne". Wenn man sie hernach noch im Pfanndl bräunen will, soll man sie wie die Pflanzl zuerst in Öl oder Pflanzenfett anheizen, ihnen dann aber eine große Butterflocke zusätzlich vergönnen. Zum Einziehen!

Geräucherte Fische

(2 Personen) ▷

2 Pfund Fisch
Salzwasser
Fischgewürz
Räuchermehl

Dazu braucht man einen Räucherofen, den es im Fachhandel zu kaufen gibt. Die Fische liegen auf einem Rost im Räuchertopf, darunter ist pulverisiertes Holz auf einem Blech verstreut, das durch eine Spiritusflamme, die darunter brennt, so sehr erhitzt wird, daß es raucht. Der Räucherofen läßt sich mit einem Deckel verschließen. Das Räuchermehl kann man in verschiedenen Holzarten (z. B. Buche, Wacholder) kaufen oder selbst raspeln. In einem üblichen Haushalts-Räucherofen ist schön Platz für einen Fisch im Gewicht von zwei Pfund, der der Länge nach halbiert und wenn nötig, entschuppt ist. Der Fisch wird vorher eine Stunde lang in leichtes Salzwasser eingelegt, dann abgerieben und anschließend mindestens fünf Stunden luftgetrocknet. Man reibt ihn nur innen mit Fischgewürz (gibt es fertig zu kaufen) ein und legt die beiden Hälften mit der Fleischseite nach unten auf den Rost. Sie brauchen 20 Minuten, bis sie durchgeräuchert sind.
Die Abbildung rechts zeigt eine geräucherte Forelle mit Meerrettichsahne.

Fischsalat

400 g Fischfilets
¼ l Fischsud
¼ l Weißwein
150 g Fenchel, in feinen Streifen
200 g grüne Bohnen, gebrochen
50 g Champignons, blättrig geschnitten

Soße:
3 EL Öl
4 EL Essig
Salz, Pfeffer
1 EL Petersilie, gehackt
2 Tomaten, in Achteln

Dieser Salat läßt sich aus allen grätenarmen Fischen zubereiten. Beim Landgasthof Huber in Purkering ist ein Forellenwasser dabei, das aus der Alz kommt. Ganz klar, daß man die hauseigenen Salmoniden verwertet hat.
Die Fischfilets werden zu kleinfingerdicken Streifen quer geschnitten. Man pochiert sie in einem Gemisch aus dem Absud der Köpfe, Flossen und festen Gräten mit Wein. Sie dürfen also bloß bis zum Kochen kommen aber den Siedepunkt nicht überschreiten. Auch das Gemüse wird in einem anderen Topf gerade bis „zum Biß" in Salzwasser geköchelt: der Fenchel in feinen Streifen, die Bohnen in Stücken, die Schwammerl in Blättern. Danach gießt man die Fische und das Gemüse ab und läßt alles erkalten. In die Salatschüssel tut man als erstes Öl, dann Essig, würzt mit Salz, Pfeffer und gehackter Petersilie und verteilt dann das Gemüse und die Tomatenachtel darauf. Darüber gießt man so viel vom Fischwasser-Wein-Gemisch, daß es bedeckt wird. Ganz obenauf kommen die Fische. Mit zwei Löffeln mischt man den Salat vorsichtig durch, läßt ihn ein wenig ziehen und bringt ihn an den Tisch.

ZUKOST

EINE RUNDE SACHE

Bayerische Knödel haben schon einmal einen Krieg gewonnen, wenn auch nur einen ganz kleinen. Das war zur Zeit der Hussiten. Da belagerte ein Häuflein von ihnen die niederbayerische Stadt Deggendorf. Als denen da drinnen die Kugeln ausgegangen waren, schossen sie mit ihren hartgewordenen Knödeln auf den Feind. Als dieser die Deggendorfer Wunderwaffe am eigenen Leib verspürte, zog er sich zurück. So dumm waren damals die Hussiten. Aber zu ihrer Ehrenrettung sei angeführt, daß sie als Böhmen längliche Knödel gewohnt waren und somit die bayerische National-Zukost schier für Kanonenkugeln halten mußten.

Bayerische Knödel sind eine runde Sache. Wenn sie auch in Franken Klöß heißen, so sind doch immer diese Teigkugeln gemeint, die im Sieden auf- und untergehen. Knödel können eine Hauptspeise sein, aber meistens stehen sie doch neben dem Bratl. Chronistenpflicht ist es, an dieser Stelle auf die Rottaler „G'wichsten" hinzuweisen, die nicht in den Rezeptteil aufgenommen wurden, weil diese Knöderl lediglich aus Roggenmehl, Salz und Wasser bestehen und so schlüpfrig sind, daß nur Eingeweihte sie mit der Gabel anstechen können. Im Magen liegen sie schwer wie Steine. Als Schmankerl kann man sie kaum bezeichnen. Es gab sie früher bei der Ernte, als diese Arbeit noch eine wahre Schinderei war. Aber sie hielten vor, bis das letzte Fuder eingefahren war. Wenn man einen G'wichsten übers Hausdach geworfen hat, dann ist er wieder zurückgekommen. Das hat noch kein Tennisball fertiggebracht.

Reibeknödel

Foto S. 93

3 Pfund Kartoffeln, roh
1 Pfund Kartoffeln, gekocht
¼ l Wasser, kochend
Salz
1 EL Mehl

Man nennt sie auch Reiberknödel oder gar Räuberknödel, richtig aber heißen sie „Reibeknödel", weil man Kartoffeln mit dem Reibeisen aufreiben muß.

Ins Wasser, in das die rohen Kartoffeln kommen, gibt man einen Spritzer Essig, damit sich das Geriebene nicht braun färbt. Das Reibegut wird in einem Leinentuch fest gepreßt. Dann kommt es wieder in die Schüssel zurück, in der man beim Weggießen das abgesetzte Stärkemehl aufgefangen und zurückgehalten hat. Die jetzt recht trockene Masse wird zerpflückt, sofort mit kochendem Wasser übergossen und verrührt. Dann kommen die gekochten und erkalteten Kartoffeln hinzu, die man aufgerieben oder durch die Presse gedrückt hat. Der Teig wird gesalzen, gründlich vermischt und mit noch etwas Mehl durchgearbeitet. Aus diesem Teig formt man Knödel in gewünschter Größe, gibt sie in sprudelndes Salzwasser und läßt sie dann 20–25 Minuten mehr ziehen als kochen.

Knödelwecken und Weckenknödel

Dampferl:
50 g Mehl
20 g Hefe
1 EL Zucker
¼ Tasse Milch

Teig:
1½ Pfund Mehl
1 TL Salz
2 Eier
½ l Milch

Knödel:
Weckenbrot, geschnitten
Salz, Pfeffer
30 g Butter
½ Zwiebel, gewürfelt
1 EL Petersilie, feingehackt
2 Eier
80 g Mehl
1 Tasse Milch

„Auf die Bauern" hat es früher kaum Semmelknödel gegeben, weil man sich das Knödelbrot selber gebacken hat. Die Loibl Emma aus Steinberg, seitwärts vom mittleren Rottal, tut das noch. Wenn man von ihr zum Essen eingeladen wird, stellt sie auch eine Schüssel mit Knödel hin. Semmeln sind nicht drin, sondern Wecken, und die macht man so:
Zuerst wird in einer Schüssel das Dampferl (Vorteig) aus Mehl, Milch, Zucker und zerbröckelter frischer Hefe angesetzt, das zugedeckt an einem warmen Platz auf seinen Einsatz wartet. Der kann schon in gut zehn Minuten sein. Dabei rührt man in den Vorteig einen Teil des Mehls und das Salz, dann schlägt man die zwei Eier hinein, gibt nach und nach abwechselnd Milch und Mehl dazu, bis alles verbraucht und ein geschmeidiger Teig entstanden ist. Er wird gut abgeschlagen und dann eine halbe Stunde in Ruhe gelassen. Schön warm und zugfrei, so hat er's am liebsten. Danach sticht man mit einem Eßlöffel große Nocken heraus, die man auf bemehltem Brett semmelrund formt. Sie werden auf ein gefettetes Blech gesetzt und in die Nähe des Ofens gestellt, wo sie sich noch einmal aufblähen. Dann werden sie im vorgeheizten Rohr eine halbe Stunde bei 200 °C gebacken. Erst am nächsten Tag kann man die Wecken zu Knödelbrot schneiden. Man gibt es in eine Schüssel, würzt es mit Salz, Pfeffer, in Butter angebräunten Zwiebelwürfeln und feingehacktem Petersilkraut. Es werden noch zwei Eier eingeschlagen, dann hat der Kochlöffel Dienst, der abwechselnd Mehl und Milch dazurühren muß. Das Ergebnis soll ein mittelfester Teig sein, dem man vor den „Dreharbeiten" noch eine kleine Pause vergönnt. Er muß „anziehen". Dann läßt er sich mit nassen Händen zu Teigkugeln verarbeiten, die zugedeckt zehn Minuten leicht kochen und als Weckenknödel das Licht der weißblauen kulinarischen Welt erblicken dürfen. Damit ist eigentlich schon das Rezept für Semmelknödel verraten. Anstelle der Wecken einfach Semmeln hernehmen!

Böhmische Knödel

1 Pfund Mehl
⅛–¼ l Milch
2 Eier
Salz, Pfeffer, Muskat
4 alte Semmeln, gewürfelt

Aus den Zutaten erkennt man schon, daß diese böhmischen Knödel unbändige Soßenschlucker werden müssen. Mehl und Semmeln die ja wiederum aus Mehl bestehen, da wünscht man sich schon ein saftiges Bratl dazu. Was für eins? Ich könnt' mir ein Bifflamott (Bœuf à la mode) oder einen Sauerbraten gut vorstellen.
Zuerst macht man sich ans Mehl und an die Milch. Die rührt man in einer Schüssel glatt zusammen, gibt nach und nach die Eier hinzu und würzt. Mit der Milch ist man freilich ein wenig zurückhaltend, denn wenn davon zuviel in den Teig kommt, geht er später nicht mehr so gut auf, wie man es von ihm erwartet. Er soll gerade so flüssig sein, daß er den in Würfel geschnittenen alten Semmeln ein bequemes Quartier bieten kann. Wer sie ein wenig anröstet, macht keinen Fehler. Aus dem gut verrührten Gemisch formt man nun mit bemehlten Händen zwei längliche Laibe. Die läßt man so lange in Ruhe, bis das leicht gesalzene Wasser sprudelt. Dann werden sie zwanzig Minuten darin gekocht. Der Deckel muß zu sein – höchstens der Kochlöffel dazwischen, hat der Chefkoch vom Janka-Bräu in Zwiesel gesagt. Wenn die zwei Teigwürste fertig sind, zerlegt man sie mit einem Bindfaden (Zwirn, Spagat) in Scheiben. Wer einen böhmischen Knödel mit dem Messer schneidet, ist ihn nicht wert, heißt es.

Gremmel-Knödel

8 Semmeln, in Scheiben
½ Pfund Mehl
3 Eier
⅛–¼ l Milch
½ Pfund Gremmeln
1 TL Salz
1 Sträußl Petersilie, feingehackt

Ob die Schreibweise richtig ist, wer weiß. Aber auf irgend was muß man sich einigen. Gesprochen werden die Gremmeln als „Grömmön" und es „grömmötzt" auch ganz schön, wenn man in diese ausgelassenen Schweinsfettbröckerl hineinbeißt. Das sind so richtige kleine Kracherl. Auf deutsch heißen sie Grieben. Wer sie sich selbst zubereiten möchte, also das rohe Fett in Streifen und Würferl schneidet und dann in der Pfanne herausbrät, der sollte fest lüften. Denn der Schmalzgeruch durchzieht das ganze Haus. Gehn's lieber zum Metzger und kaufen Sie sich diese Rückstände vom Schweinefett.
Das geschnittene Knödelbrot aus den Semmeln (früher hat man „auf den Bauern" bloß selbstgemachte Rohrweckerl hergenommen) wird in einer Schüssel mit dem Teig aus Mehl, Eiern, Milch, Gremmeln und Salz gut durchgemengt. Die Milch kommt nach und nach hinzu, damit man den Teig auf seine Festigkeit regulieren kann. Zum Schluß wird das feingehackte Grünzeug dazugemischt. Dann formt man mit nassen Händen Rundlinge, wie die Semmelknödel. Sie kochen zugedeckt in Wasser 20 Minuten. Wenn Sie aus der Menge 8 Knödel herausgebracht haben, stimmt's.
Gekochtes Schweinernes oder Geräuchertes und ein heißes Sauerkraut sind die Weggefährten der Gremmel-Knödel auf ihrem letzten Weg.

Zwei Süße

Zwetschgenknödel

Foto S. 93

750 g gekochte Kartoffeln,
durchgedrückt
250 g Mehl
1 Prise Salz
75 g Butter
1 Eidotter
1 Dutzend Zwetschgen
1 Dutzend Zuckerwürfel
Butterbrösel
Zimtzucker
Vanillesoße

Man könnte sagen, bei mehligen Kartoffeln sei das Mehl schon drinnen. Man merkt es sofort bei der Zubereitung eines Knödelteiges aus gekochten Kartoffeln, daß man bei einer speckigen und nässenden Erdäpfelart mehr Mehl braucht. So ist unsere Mengenangabe eine ungefähre. Den Teig rührt man auf dem Nudelbrett zusammen, knetet ihn gut ab und formt eine Rolle im Durchmesser von 7 bis 9 Zentimetern. Davon schneidet man daumenbreite Scheiben ab, drückt oder zieht sie noch ein wenig auseinander, so daß in die Mitte gut eine entsteinte und mit einem Zuckerwürfel gefüllte Zwetschge paßt. Man drückt sie ein wenig in den Teig und lappt wieder zu. Man sollte dabei mit bemehlten (Stärkemehl ist am besten) Händen arbeiten, damit man glatte Knödel formen kann, die im Salzwasser ihre Form behalten. Sie werden 15 bis 20 Minuten gekocht. Dann sollen sie noch fünf Minuten ziehen. Man läßt sie abtropfen und rollt sie in Semmelbröseln, die man vorher in Butter geröstet hat. Noch besser schmeckt geriebenes Gebäck (Kuchen, Kekse). Obenauf streut man beim Servieren mit Vanillesoße noch etwas Zimtzucker. Aus demselben Teig können Sie auch Aprikosen-(Marillen-)Knödel machen.

Germknödel mit Powidl

Dampferl:
5 EL Milch
30 g Hefe
1 TL Zucker
1 TL Mehl

Teig:
100 g Butter
50 g Zucker
2 Eier
¼ l Milch
2 cl Rum
Schale von ½ Zitrone
1 Pfund Mehl, 1 Prise Salz

Füllung:
Powidl oder
Zwetschgenmarmelade
Zucker
Mohnzucker zum Bestreuen

In Niederbayern sagt man heut noch zur Hefe „Germ", wenn man überhaupt mit ihr redet. Die Germ bröckelt man in eine Tasse mit lauwarmer Milch und Zucker und streut ein bißerl Mehl darüber. Zugedeckt läßt man das Dampferl (Vorteig) eine Viertelstunde gehen. Inzwischen hat man Butter, Zucker, Eier und Milch mit den Gewürzzutaten verquirlt und mit dem gesalzenen Mehl verrührt. Da hinein mischt man nun das Dampferl und verknetet alles zu einem weichen Teig. Er muß zugedeckt an einem warmen Ort noch einmal gehen, bis er sein Volumen fast verdoppelt hat. Man nimmt ihn aus der Schüssel, teilt ihn und formt aus jeder Hälfte eine Teigsalami im Durchmesser von etwa 7 Zentimeter. Aus der „Wurst" werden etwa 3 cm lange Stücke herausgeschnitten und auf dem Nudelbrett oder irgendeiner passenden Arbeitsfläche etwas breit gedrückt, so daß kleinfingerdicke runde Platten entstehen. Diese belegt man in der Mitte mit einem etwa walnußgroßen Stück von Powidl (aus aufgeweichten Dörrzwetschgen gewonnen) oder Zwetschgenmarmelade und dreht sie semmelförmig zu. Man läßt sie mit einem Tuch bedeckt noch etwas ruhen und gibt sie dann in leise siedendes Salzwasser. Das Gefäß muß gut zugedeckt werden. Den Deckel darf man erst nach zwölf Minuten heben und die Germknödel herausnehmen. Sie werden in einer Mischung aus Mohn und Zucker gewälzt und ganz heiß serviert.

JA, MIR SAND MIT'M RADI DA

Dieses Buch handelt von Rezepten, die in der bayerischen Küche hergestellt werden. Das Ergebnis ist eine „Hausmacher-Ware". Wir essen aber vieles, was „außer Haus" gemacht wird; zum Beispiel unser tägliches Brot und was zur „Brot-Zeit" gehört: eine gute Scheibe Wurst, ein Trumm würziger Käs und ein weinender Radi, der leider auch nicht immer aus dem eigenen Garten stammen kann. Freilich wird da und dort auf den Höfen noch ein echtes Bauernbrot gebacken oder werden nach der Hausschlachtung Würste in Eigenregie hergestellt (s. Seite 46–50), aber im allgemeinen überlassen wir die Fabrikation von Brot und Wurst den besser ausgerüsteten Spezialisten. Und da wissen wir schon, welcher Bäck die röschesten Brezen macht und wo wir frische Weißwürscht kriegen und keine aus dem Kühlschrank. Beim Käs sind wir mit wenigen Ausnahmen auf die Molkereien angewiesen, aber das Angebot ist so groß, daß sich jeder seinen eigenen Bakterienstamm aussuchen kann.

Was der gelernte Brotzeitmacher zu seiner gewissen Zeit braucht, wollen wir Ihnen mit schönen Fotos zeigen. Für den Rezeptteil haben wir Ihnen aber noch ein paar echte Schmankerl reserviert, damit Sie mitreden können, wenn die Rede darauf kommt. Zur Einstimmung lassen Sie sich bitte den Mund wäßrig machen mit einem fachmännisch geschnittenen Radi!

RADIBROTZEIT

Ein Münchner sitzt im Wirtshaus vor seiner Maß Bier und schneidet sich gerade einen Radi zurecht, salzt ihn fachmännisch, trinkt einen Schluck, läßt den Radi ausweinen und ißt dann Blattl für Blattl. Man siehts (und hörts auch), wie 's ihm schmeckt. Am gleichen Tisch sitzt ein alter Rentner, dem die Augen schon ganz wäßrig werden. Man merkt's, auch ihm tät's schmecken. Und weil sich das so g'hört, fragt ihn der Brotzeitmacher: „Herr Nachbar, mögen S' aa a Blattl?". Da sagt der Rentner: „Recht gern, Herr, aber i hab ja koane Zähn nimmer, i kann nix mehr beißen. Aber lassen S' mir, wenns geht, an Kopperer ummer!"
(Für Nichtbayern: Lassen Sie mich wenigstens an einem Rülpser teilhaben).
Ja, das kommt halt vor, daß einem der Radi „aufferstößt". Aber das ist g'sund und damit zeigt der Magen an, daß er zwar gerade Schwerarbeit leistet, aber dennoch leicht damit fertig wird. Daher ißt ein gelernter Brotzeitmacher seinen Radi am Vormittag. Bis zum Einschlafen hat dann sein Innenleben Zeit genug, sich damit weiter zu beschäftigen. Wie man einen Radi herrichtet, dafür gibts eigentlich kein gültiges Rezept, dafür um so mehr falsche. Es gibt auch mehrere Radi, nicht bloß einen: Radieserl, Eiszapfen, Ostergruß bis zum dicken schwarzen Winterrettich.

Alle verlangen nach einer gesonderten Wurzelbehandlung. Salz aber braucht man zu jedem Radi. Vor allem zum Bierradi, diesem Langen, Dicken, den's schon zur Starkbierzeit gibt, also im zeitigen Frühjahr. Aber da kommt er aus dem Treibhaus, kostet mindestens zwei Mark fuchzig das Stück und schmeckt nach nichts. Der Kenner wartet ab, bis sein Radi im eigenen Garten wächst, oder er weiß in seinem Revier einen Gärtner, „der den besten hat". Seinen Radi darf man ruhig ins Wirtshaus mitbringen, da ist die Kellnerin nicht so. Sie serviert dem Gast ganz selbstverständlich einen Teller und das Salzhaferl und die Wirtin streicht in der Küch' schon das Butterbrot auf und streut Schnittlauch drüber.

Die Stammtischbrüder rücken näher zusammen. Einer wägt den Radi in der Hand, ob er auch das seiner Größe entsprechende Gewicht hat. Sonst wär' er „hosig" (holzig). Aber bei dem fehlt sich nix. Sonst hätt' ihn ja der Sepp nicht mitgebracht!

Jetzt beginnt der Sepp mit der Wurzelbehandlung. Zuerst macht er oben einen Querschnitt, das heißt, er hebt das Kappl ab, fährt mit der Zunge darüber und registriert, daß er einen „Rassen" (einen sehr scharfen Rettich) erwischt hat. „Aber das treiben wir ihm schon aus", denkt sich der Sepp und schielt zum Salzhaferl 'nüber.

Jetzt kommen die Längsschnitte. Von außen der Mitte nach zu. Schnitt für Schnitt, Blattl für Blattl. Nicht zu dünn, weil der Radi einen „Biß" haben muß, aber auch nicht zu dick, sonst heißt es gleich, der Sepp tät Bretter schneiden. Langsam und bedächtig, vor allem aber gleichmäßig, wenn hin und wieder auch ein wenig ruckend, gleitet das Messerl abwärts bis zur Wurzel. Wenn er so ungefähr dreiviertel „durch" ist, schneidet der Sepp von der anderen Seite her. Dazwischen muß er einmal schnupfen. Fertig. Mit dem Daumen fährt der Radischneider oben über die Blattl und es schnalzt wie beim Kartenmischen. Anerkennend nickt die Runde. Zwischen die Radiblätter gehört Salz. Das richtige Radisalz ist ein bißchen grobkörniger als das gewöhnliche Speisesalz, aber das haben s' nicht in jedem Wirtshaus. Gesalzen wird „händtisch" (mit den Fingern) oder man reibt die Blätter mit der Messerspitzen ein. Ein scharfer Radi braucht natürlich eine höhere Dosis, damit er sich milde stimmen läßt. Die Operation ist noch nicht zu Ende. Bauch und Buckel müssen noch amputiert werden, das heißt die äußeren Blätter kommen auf beiden Seiten weg. So, jetzt läßt er sich schön flach auf den Teller legen; jetzt kann er sich richtig ausweinen. Schon läuft die erste Träne auf den Teller und den Stammtischbrüdern das Wasser im Mäu zusammen. Lang kann's nicht mehr dauern! Aber es dauert noch lang. Erst nach fünf Minuten Laufzeit ist Halbzeit. Dann wird der Radi auf die andere Seite gelegt. Dazwischen kann man die amputierten Blattl essen, die sind schon durch. Jetzt: der letzte Querschnitt. Er trennt das Schwanzl ab.

„Greifts zua!" sagt der Sepp zu seinen Freunden, indem er den Radi in der Mitten teilt wie ein aufgeschlagenes Buch. Grad, daß man ein Buch nicht so schnell lesen kann, wie einen Radi verspeisen. Aber in beiden Fällen nimmt man die Blattl „in d' Händ"!

SO A KAAS

Obaazta ▷

Das ist ebenso ein bayrisches Schmankerl wie auch Anlaß, sich in dem fremdartigen Idiom bayrischer Genießer zu üben. Der Ausdruck kommt von Baaz oder Baz und dieser bezeichnet eine weiche Masse. Ein Baaz ist sowohl Mörtel zum Bauen wie Teigrest in der Schüssel, das, womit Kinder spielen und was die Hausfrau hier aus Käse anmacht.

Der schon gut reife Camembert wird mit der Gabel zerdrückt, wobei man gleich weißen Pfeffer aus der Mühle, die Eier oder nur die Eidotter, die Zwiebel, nach Belieben etwas feinzerdrückten Knoblauch und nach Geschmack noch Salz mit untermengt. Der angebazte Käs soll scharf, also raß, sein. Dazu gibt's frische Brezen, Salzstangerl und Bier!

3 Stück (reifen) Camembert
Weißer Pfeffer
2 Eier
½ Zwiebel (Knoblauch),
feingehackt
Salz

Kaasloaberl und Streichkaas ▷

Damit die Loaberl was werden, braucht man eine nicht vorbehandelte Milch. Sie muß direkt von der Kuh kommen und nicht auf dem Umweg über die Molkerei.
Man verteilt die Milch auf Gefäße mit großer Oberfläche, sogenannte „Weitlinge". Der sich oben bildende Rahm wird abgeschöpft. Nach ein paar Tagen stockt die Milch und wird sauer. Man schüttet sie dann in einen großen Tiegel, gibt die Gewürze dazu, erhitzt sie langsam, läßt sie aber nicht kochen. Daraus wird ein Topfen, den man mit einem Sieb auffängt und abtropfen läßt. Das Wasser schüttet man weg. Der trockene Topfen muß nun, mit einem Leinentuch bedeckt, mindestens drei Tage reifen, wobei er täglich mehrmals durchgerührt wird. Dann formt man daraus tischtennisballgroße Kugeln, legt sie auf einen Holzteller und läßt sie hart werden. Nach einer halben Woche kann man sie essen. Ältere Exemplare reibt man auf und vermengt sie mit Rahm. Das ergibt einen guten Brotaufstrich. Mit dem Loaberlrezept kann man auch einen Streichkaas zubereiten. Dafür muß der Topfen 6 Tage reifen, ehe man ihn mit Wasser aufkocht und erkalten läßt.

Topfen von 4 l Milch
1 EL Salz
1 EL Kümmel
1 TL Pfeffer

Brotaufstrich:
10 alte Loaberl
¼ l Rahm

Streichkaas:
Menge wie Loaberl
¼–½ l Wasser

Erdäpfelkaas ▷

Man dämpft mehlige Kartoffeln (auf keinen Fall Speck- oder Salatkartoffeln), schält sie, reibt sie noch warm in eine Schüssel oder drückt sie durch die Presse. Dann rührt man den gemischten Rahm und die Zwiebeln darunter, salzt nach Belieben und läßt alles erkalten. Die Schüssel mit dem Erdäpfelkaas garnieren die Rottaler Bäuerinnen mit Butterscheiben und stellen ein Pfefferbüchsl daneben. Den Erdäpfelkaas kann man sich so dick aufs Butterbrot streichen wie man will.

3 Pfund Kartoffeln
¼ l saurer Rahm
¼ l süßer Rahm
1–2 Zwiebeln, gehackt
Salz
Pfeffer (nach Belieben)

Mehlspeisen

FASTEN SCHMECKT GUT

Früher hat's allerweil schon dicke Leut' gegeben, zum Beispiel Pfarrer, Wirtinnen oder Bauernbürgermeister mit über hundertzwanzig Tagwerk, die man sich gar nicht anders hätte vorstellen können als mit einem anständigen Hendlfriedhof. Sie haben schon damals geradezu pflichtgemäß ihren Wohlstandsspeck zur Schau getragen, den wir jetzt (fast) alle haben. Bloß zeigen wollen wir ihn nicht! So ist das Fasten wieder populär geworden.

Keine Zeitung, keine Illustrierte erscheint ohne mehr oder minder wissenschaft-lich untermauerte Abmagerungskur, auch Radio und Fernsehen strahlen das Motto aus: Der Speck muß weg! Wenn man heute erfährt, daß es eigentlich gar nicht das Fleisch ist, das fett macht, dann kann man sich bloß wundern über die kirchlichen Fastengebote, die es nur auf die Fleisch„eß"lust abgesehen hatten, den Genuß einer kalorienreichen Mehlspeise aber erlaubten.

Aber, da haben wir's schon. Wer hat denn früher was gewußt von Kalorien und Joules, von Kohlenhydraten und Vitaminen und deren raffiniertem Wechselspiel? Doch eines hat man gewußt und zum Gebot erhoben: „Faste oft!" und „Iß dich dabei nur einmal am Tage satt!" Im katholischen Bayern war, wenn man die Freitage mitzählt, zu einem Drittel des Jahres Fastenzeit. Am längsten nachein-ander mußte man sie an den 40 Tagen vor Ostern ein-, beziehungsweise aushalten. Stets folgte nach den „fetten Tagen" die Entwöhnungskur. Daß man dabei aber trotz Verzicht auf Fleisch selbst nicht „vom Fleische fiel", dafür sorgten gute Köchinnen, die das Fasten geradezu schön machten. Besonders dann, wenn sie ein paar „läßliche Sünden" (z. B. Hackfleischfüllung) eingebaut haben.

SPÄTZLE UND NUDELN

Knöpfle-Spätzle

Grundteig:
250 g Mehl
2 Eier
⅛ l Wasser
½ TL Salz

Einer von den tapferen 7 Schwaben war der Knöpfle-Schwab und stammte wohl aus dem bayerischen Alemannien oder vom Allgäu. Denn da werden die Generalvertreter der schwäbischen Kuche, die Spätzle, als „Knöpfle" tituliert. Das hängt mit der Machart zusammen. Die genannten Zutaten werden miteinander glatt verrührt. Der Teig soll weich, aber nicht dünnflüssig sein. Wenn er langsam vom Kochlöffel abläuft, ist er richtig. So wird er in den Behälter des Spätzlehobels gefüllt und dann durch Hin- und Herschieben dieses Schlittens ins kochende Salzwasser getropft (man kann dem Wasser ein paar Tropfen Öl beigeben). So entstehen die gleichmäßigen „kurzen Spätzle", eben die „Knöpfle". Wenn sie oben schwimmen, sind sie fertig. Man nimmt sie mit dem Schaumlöffel heraus und braust sie sofort kalt ab. Nach dem Abtropfen führt man sie ihrer weiteren Bestimmung zu oder bewahrt sie auf.

„Knöpfle-Spätzle" erhält man auch, wenn der Teig durch ein großlochiges Sieb (Spatzenpresse, Spätzleseiher) gedrückt oder gerührt wird. Die Methode, einen etwas fester gehaltenen Teig auf ein Brett zu streichen und ihn von da ins kochende Wasser zu schaben (lange Spätzle), ist mehr in Baden-Württemberg beheimatet.

Spinatspätzle

200 g Spinat
30 g Butter
¼ l Wasser
1 Pfund Mehl
6 Eier
1 TL Salz

Zuerst dämpft man den gewaschenen Spinat in Butter und Wasser an und püriert das Ganze. Danach wird wie üblich aus Mehl, Eiern und Salz der Spätzleteig zusammengemengt, wobei man hier noch den Spinat mit dem Butter-Wasser darunterrührt. Der Teig wird durch ein Sieb in kochendes Salzwasser „gelöchert", nach dem Auftauchen abgeschöpft und nach Belieben verwendet.

Krautspatzen

Zutaten und Zubereitung entsprechen genau den auf Seite 102 beschriebenen „Käsespätzle". Nur nimmt man anstelle von Käs feingehacktes und gekochtes Sauerkraut.

Schwäbische Käsespätzle

Teig:
1 Pfund Mehl
5 Eier
1 Prise Salz
¼ l kaltes Wasser

Anrichten:
150–200 g Emmentaler, gerieben
2–3 Scheiben Limburger, gerieben
1 EL Essig
2 EL Semmelbrösel
2 gehackte Zwiebeln, in 100 g Butter angeröstet

Aus Mehl, Eiern, Salz und kaltem Wasser rührt man einen zähen Spätzleteig. Dann drückt man einen Teil davon durch ein Spätzlesieb in reichlich kochendes Salzwasser. Nach dem ersten Aufkochen nimmt man die Spätzle mit einem Schaumlöffel heraus, läßt sie abtropfen (in diesem Fall nicht kalt überbrausen!) und richtet sie sofort auf einer heißen Platte oder Schüssel an. Darüber streut man nun einen Teil vom geriebenen oder feingehobelten Käs. So fährt man fort, bis aller Teig aufgebraucht ist, also: jeweils eine Lage Spätzle, darauf eine Lage Käs. Zuletzt durchzieht man alles mit einem Eßlöffel Essig, streut Semmelbrösel darüber und gibt die angebräunten Zwiebeln obenauf. Es muß sehr schnell gearbeitet werden, daher empfiehlt es sich, die Zutaten in „Bereitstellung" zu halten, also den Käs bereits gerieben, die Zwiebeln schon angeröstet und heiß.

Bei Nudeln nicht hudeln

Roggene Bauchstupferl

1 Pfund Roggenmehl
¼ Tasse Wasser
2 cl Öl
3 Eier
½ EL Salz
100 g Butterschmalz

Zukost:
800 g Wammerl
Wurzelsud
Sauerkraut

Sie haben viele Namen, die Bauchstupferl. Je nachdem, wo man gerade ist und ißt, heißen sie Bauchstecherl, Drahte Wixpfeiferl, Baunkerl, Schupfnudla oder Baunzen: kleine Würstl, die entstehen, wenn man ein Stückl Teig zwischen beiden Handflächen reibt.
Dieser ist leicht herzustellen. Man macht einen Mehlkranz aufs Brett, gießt in die Mitte Wasser und Öl, schlägt die Eier ein, salzt und vermengt alles gut mit den Händen. Danach wird der Teig kräftig geschlagen und geknetet, bis er mittelfest und glänzend ist. Davon „wuzzelt" man kleine Bröckerl zu Fingernudeln, die in sprudelndes Salzwasser gegeben werden. Da der Roggenmehlteig schwer ist, sinken die Bauchstupferl zunächst nach unten, steigen aber bald wieder hoch. Dann nimmt man sie heraus, überbraust sie mit kaltem Wasser, läßt sie abtropfen und brät sie in heißem Butterschmalz braun. Sie schmecken gut zu in Wurzelsud gekochtem Wammerl und Sauerkraut.

Fingernudeln

1 Pfund Mehl
2 Eier
1 EL Öl
Salz
Fett

Aus den angeführten Zutaten mengt man einen festen Nudelteig zusammen. Daraus formt man Nudeln in der Größe eines kleinen Fingers, die an den Enden spitz zulaufen (auch „drahte Wixpfeiferl" genannt). Sie werden in Salzwasser kurz durchgekocht, abgetropft und dann in der Pfanne in heißem Fett auf beiden Seiten gebräunt. Man ißt dazu Sauerkraut, kann die „Baunkerl" aber auch als Beilage zu Braten geben. Im Adalbert-Stifter-Haus in Frauenberg am Dreisessel werden sie anstelle von Wasser in Milch und Butter gekocht. Man bringt sie, vermischt mit Sirup auf den Teller und streut noch Mohn darüber. Dann stehen sie als „Böhmische Nudeln" auf der Karte.

Schwäbische Kraut-Baunzen

100 g Sauerkraut
4 Eier
175 g Mehl
Salzwasser
Fett

Das Sauerkraut drückt man fest aus, schneidet es sehr fein und verrührt es in einer Schüssel mit den Eiern und Mehl zu einem Teig, den man auf dem Brett weiterverknetet. Er wird stückweise zu gut daumendicken Würsten gerollt, von denen man etwa zentimeterdicke Scheiben abschneidet. Diese „schupft" man auf dem gut bemehlten Brett zu „Baunzen" aus. Die Kraut-Baunzen kommen jetzt in kochendes Salzwasser, in dem sie sofort untertauchen. Nach etwa 20 Minuten erscheinen sie wieder an der Oberfläche, werden abgeschöpft und kalt überbraust. Dann läßt man sie im Sieb abtropfen und in einer Pfanne mit heißem Butterschmalz auf beiden Seiten gut bräunen.

Hungernudeln (Bratne Nudeln)

1 Pfund Mehl
4 Eier
⅛ l Magermilch
Mehl zum Bestreuen
Salzwasser
2 EL Butter
1 Zwiebel, gewürfelt

Warum sie „Hungernudeln" heißen, weiß ich nicht. Aber sicher ist, daß auf dem Hof, aus dem das Rezept stammt, noch nie gehungert worden ist. Gut denkbar wäre, daß diese „g'schnittenen Nudeln" erst Hunger gemacht haben. Wahrscheinlich auf ein gutes Bratl. Sie werden wohl eine Fastenspeis' gewesen sein.

Gearbeitet wird auf dem Nudelbrett. Man formt aus dem Mehl einen Kranz, so daß man in der Mitte Platz hat für die aufgeschlagenen Eier und die lauwarme Milch. Das alles verarbeitet man mit den Händen zu einem Teig, der nach dem Kneten wie eine armdicke Wurst ausschaut. Davon schneidet man sich vier dicke Scheiben ab und rollt sie mit dem Nudelholz hauchdünn aus. Wenn man mit diesem Fleck eine Zeitung bedecken tät, müßte man mindestens die Schlagzeilen noch lesen können. Jedenfalls hat's mir die Köchin Paula Angermeier vom Brauereigasthof Heilmfurt bei Eggenfelden so gezeigt.

Diese Teigblätter legt man nun aufeinander, bestäubt aber jede Lage leicht mit Mehl. Dann werden sie mit dem Messer in vier Streifen geteilt, die man wiederum in der gewünschten Breite zu Nudeln schneidet. Die werden nun in leichtem Salzwasser zehn Minuten gekocht, abgesiebt und sofort mit kaltem Wasser „abgeschreckt". Kaum haben sie sich von diesem Schrecken erholt, kommen sie in die Pfanne zu heißer Butter und Zwiebelwürferln. Da drinnen werden sie so richtig aufgeschmalzen. Man ißt sie gern zur „g'stöckelten Milli" (gestockte Milch), oder läßt sich Kompott und Eingemachtes dazu schmecken. Wer's gern sauer mag, ißt sie wie einen Wurstsalat in Essig und Öl.

G'schupfte Krautnudla

Teig:
500 g Mehl
2 Eier
ca. ⅛ l Wasser
1 Prise Salz

80 g Schweineschmalz
200 g geräuchertes Wammerl, gewürfelt
2 Pfund Sauerkraut
1 EL Kümmel
Salz

Diese Krautnudeln sind ein einfaches, aber sättigendes Allgäuer Essen, in dem kurioserweise aber weder Käs' noch Milch dabei sind. Man kommt also auch einmal ohne die typischen regionalen Landesprodukte aus und ißt trotzdem gut schwäbisch.

Der Nudelteig wird zunächst in der Schüssel zusammengerührt, kommt dann auf's Brett und wird gut durchgeknetet und geschlagen. Dann läßt man ihn eine Viertelstunde in Ruhe. Hernach zupft man davon kleine Stücke ab und „schupft" mit der Handinnenfläche sogenannte „Nudla". Diese Teigwürmer, die an den Enden spitz auslaufen, werden in Salzwasser 10 Minuten gekocht, in kaltem Wasser abgeschreckt und abgetropft.

In einer Pfanne röstet man die Wammerlwürfel in Schweineschmalz an, gibt das ausgedrückte Sauerkraut hinzu und verrührt alles gut. Dann verteilt man die Nudeln drunter und drüber und röstet das Ganze fest durch. Gewürzt wird mit Kümmel und Salz. Sobald die Nudla hellbraun sind, ist das Gericht fertig.

Schwäbische Maultaschen

Nudelteig:
300 g Mehl
2 Eier
Salz
Wasser
Mehl fürs Nudelbrett

Füllung:
1 Zwiebel, gehackt
Petersilkraut, gehackt
50 g Butter
½ Pfund Hackfleisch
½ Pfund gekochter Spinat, feingewiegt
2 Eier
2 alte Semmeln in Milch
Salz, Pfeffer, Muskat

Aus Mehl, Eiern, Salz und lauwarmem Wasser rührt und knetet man einen Nudelteig, den man, in einem Tuch eingewickelt, eine halbe Stunde ruhen läßt.

Jetzt hat man Zeit für die Füllung. In einer großen Pfanne oder im Topf dünstet man feingehackte Zwiebeln und Petersilie in Butter an, nimmt sie vom Feuer, gibt das Hackfleisch und den gekochten und feingewiegten Spinat dazu, schlägt die Eier daran und rührt noch die in Milch eingeweichten und gut ausgedrückten Semmeln in die Masse. Gewürzt wird der Teig mit Salz, Pfeffer und Muskat.

Nun wird der Nudelteig auf gut bemehltem Brett dünn ausgewalkt. Man schneidet oder radelt daraus Quadrate in beliebiger Größe (Vorschlag: 8 mal 8 Zentimeter) und belegt sie in der Mitte mit einem „Maul voll" von der Füllung (daher der Name!), was etwa einem gehäuften Eßlöffel entsprechen dürfte. Die Teigränder bestreicht man mit Eiweiß oder Wasser. Dann werden die Quadrate über die Füllung zu Dreiecken zusammengeschlagen und die Ränder gut angedrückt, damit nichts vom Inhalt ins kochende Salzwasser rutschen kann, in dem die Maultaschen etwa zehn Minuten ziehen müssen, bis sie schwimmen. Dann nimmt man sie mit dem Schaumlöffel heraus und richtet sie mit gebräunten Zwiebeln an oder gießt braune Butter darüber. Dazu gibt's in Schwaben gern Kartoffelsalat oder Salate nach der Jahreszeit.

Maultaschen mit kleinerem Format werden als Suppeneinlage gegessen.

Krautkrapfen

Teig:
¾ Pfund Mehl
2 Eier
2 Eiweiß
½ TL Salz
2 EL Butterschmalz
3 EL Wasser

Füllung:
200 g geräuchertes Wammerl
1 Pfund Sauerkraut
1 Zwiebel mit 2 Nelken
1 Lorbeerblatt
etwas Salzwasser

Aus den zuerst genannten Zutaten verknetet man einen feinen Nudelteig, den man eine halbe Stunde ruhen läßt. Nun schneidet man das Wammerl kleinwürfelig und kocht es mit Sauerkraut, Zwiebel und Lorbeerblatt. Dann wird der Teig noch einmal durchgeknetet, damit er recht geschmeidig wird. Man rollt ihn auf einem Tuch zu einem mehr länglichen als quadratischen dünnen Fleck aus und verteilt darauf gleichmäßig die Sauerkrautmischung. Die Zwiebel und das Lorbeerblatt nimmt man weg. Mit Hilfe des Tuches wird der Teig eingerollt, so daß eine „Wurst" entsteht. Davon schneidet man fingerlange Stücke ab, die man auf der Schnittfläche nebeneinander in einen gut ausgebutterten Topf stellt. Das Gefäß sollte so groß sein, daß es alle Krautkrapfen aufnehmen kann und nur kleine Zwischenräume entstehen. In diese gießt man etwa bis zur „Kniehöhe" der Krapfen Wasser, deckt den Tiegel zu und läßt das Gericht im Rohr bei leichter Hitze gut 20 Minuten dämpfen. Serviert wird im Topf. Falls beim Essen etwas übrigbleiben sollte: diese Krautkrapfen lassen sich später in der Pfanne mit Schmalz aufwärmen.

Grüne Krapfen

Füllung:
2 Tassen Zwiebelröhrchen,
gehackt
40 g Butter
200 g Rindfleisch, gekocht
1 Ei
2 Scheiben Weißbrot, gewürfelt
Salz, Pfeffer, Muskat

Nudelteig:
300 g Mehl
2 Eier
1 Prise Salz
etwas Wasser

Fleischbrühe zum Kochen

Feingeschnittene Zwiebelröhrchen (schwäbisch: Schnattern) werden in Butter gedünstet. Gekochtes Rindfleisch wird noch warm in kleine Würfel geschnitten und mit einem Ei vermischt. Das Weißbrot wird in der Pfanne in wenig Fett kurz angeröstet. Das alles zusammen vermischt und gewürzt, ergibt die Füllung für die grünen Krapfen.
Die Hülle besteht aus einfachem Nudelteig, der auf dem Brett aus gesiebtem Mehl, Eiern, Salz und Wasser gerührt, verknetet und ausgewalkt wurde. Auf die untertellergroßen Teigfleck, die so dünn sein sollen wie ein Messerrücken, gibt man nun so viel von der Füllung, daß diese bequem eingeschlagen werden kann. Die Teigränder bestreicht man zweckmäßigerweise mit Eiweiß, damit sie besser kleben und nichts von dem Inhalt in die Suppe rutschen kann. Darin werden die Krapfen ein paar Minuten gekocht. Will man sie nicht als Suppeneinlage essen, kann man die Krapfen auch aufschmalzen. Man nimmt sie aus der kochenden Brühe, übergießt sie mit gebräunten Zwiebeln samt Fett, gibt noch etwas Suppe dazu und serviert sie so. Im einzigen Wirtshaus in Hagenried bei Krumbach gelten die grünen Krapfen als „a guate Mittagskoscht".

SO EIN SCHMARRN

Holzknechtschmarrn

Mehl
Wasser
Salz
Fett

Es wäre wirklich kein Wunder, wenn da jemand denken würde, aus diesen wenigen Zutaten könne kein gutes Gericht entstehen oder gar ein Schmankerl. Wer es aber einmal auf einer abgelegenen Jagdhütte oder in einer Holzerhütten (Waldarbeiterunterkunft) probiert hat – vielleicht im Winter –, der ist voll des Lobes und der Bewunderung. Und wenn er dazu noch ein Zwetschgenmus bekommen hat, dann ist der Gast geradezu begeistert. Appetit hat er mitgebracht, denn den Weg zur Hütte hat er ja zu Fuß zurücklegen müssen. Aber jetzt ist er in der warmen Stube, der Ofen burrt, und los geht's mit der Kocherei.

Der Koch ist natürlich ein Holzknecht oder ein Jager und hat eine eigene „Schmarrn-Pfanne", die noch nie ein anderes Fett geschmeckt hat als Butter oder Butterschmalz. Sie ist auch noch nie ausgewaschen worden, und in der Schmarrn-Pfanne Fleisch zu braten, das wäre eine echte Todsünd.

Bis das Schmalz in der Pfanne heiß ist, rührt der Holzknecht aus Mehl und warmem Wasser einen strengen Teig zusammen und salzt ihn kräftig. Dieser Teig muß weitaus dickflüssiger sein als der übliche Pfannkuchenteig. Der kommt jetzt zu dem heißen Schmalz in die Pfanne. An Fett darf gar nicht gespart werden, das ist das A und O fürs gute Gelingen. Denn dieser „Mehlpapp" (was er zunächst noch ist) saugt narrisch viel Schmalz an, und anbrennen darf er ja schließlich nicht. Mit dem Scherrer schaut der Koch nach, ob der Teig unten schon braun ist, dann wendet er ihn um und gibt, wenn nötig, vor dem Wenden einen Batzen Fett in die Pfanne und läßt nun auch die andere Seite anbräunen. Und dann passierts. Plötzlich reißt der Koch ein Fenster oder die Tür auf und hält die Pfanne in die Kälte hinaus. Nicht lang, aber es reicht, daß es in der Hütten auf einmal ungemütlich wird. Der Teig erschrickt durch diese Behandlung derart, daß er alles mit sich anstellen läßt, sogar zerstechen. Das besorgt jetzt der Koch mit dem Scherrer. Aus dem dicken Pfannkuchen werden jetzt immer kleinere Brocken, die sich auf allen Seiten schön bräunen, jedoch nicht anbrennen dürfen. Aber dagegen gibt's ein Mittel: mit Fett nachhelfen.

Am besten schmeckt der Holzknechtschmarrn, wenn man ihn gleich aus der Pfanne ißt. Ganz G'schleckige belegen den Teig, wenn er noch als Ganzes in der Pfanne ist, mit geviertelten Apfelscheiben, mit gehackten Zwiebeln oder frischen Waldbeeren. Aber dann ist das schon ein „Jager-Schmarrn". Der echte Holzknechtschmarrn besteht nur aus Mehl, Wasser, Salz und Fett.

Kaiserschmarrn ▷

½ Pfund Mehl
8 Eier, getrennt
gut ¼ l Milch
Salz, Zucker
1 Stamperl Rum
Backfett
Weinbeerl

Das gesiebte Mehl wird nach und nach mit den Eidottern und der Milch verrührt, gesalzen und nach Belieben gezuckert. Zum Schluß gießt man noch den Rum darüber und läßt den Teig eine halbe Stunde ruhen. Kurz vor dem Backen wird der steife Eischnee daruntergezogen. Die schaumige Masse wird in der Stielpfanne bei mäßiger Hitze in Butter so lange gebraten, bis die Unterseite braun ist (etwa 3 Minuten bei einer Teighöhe von gut 1 cm). Dann wird die andere Seite angebraten, das Ganze mit der Gabel in Stücke gerissen, so viel Butter dazugegeben, daß nichts anbrennt und der Schmarrn rasch fertiggebacken. Man überzuckert ihn bei Tisch und streut aufgeweichte Weinbeerl darüber. Man kann letztere aber auch gleich in den Teig geben.
Der Name soll nach österreichischer Version daher kommen, daß dieser Schmarrn Kaiser Franz Joseph I. besonders gut geschmeckt habe. Die Bayern sagen, dies sei ein Schmarrn, denn das Wort „Kaiser" leite sich vom „Kaser" auf der Almhütte ab. Ganz gleich, wer recht hat, es bleibt ein herrlicher Schmarrn.

Semmelschmarrn

7–8 altbackene Semmeln
etwas heiße Milch
2–3 Eier
2–3 EL Mehl
2–3 EL Zucker
etwas Zitronenschale,
abgerieben
Rosinen, Backfett

Die Semmeln werden aufgeschnitten, mit heißer Milch gebrüht und mit den Eiern, Mehl, Zucker, Zitronenschale und den Rosinen vermengt. Man gibt die Masse nun in eine Pfanne mit heißem Fett und macht einen Schmarrn daraus, indem man den Teig so lange zerkleinert und wendet, bis er braunbröselig ist.

Kartoffelschmarrn

3 Pfund Kartoffeln, gekocht
½ Pfund Mehl
Salz
Backfett

Die am Tag vorher gekochten und ausgekühlten Kartoffeln werden geschält und mit dem Reibeisen gerieben. Keinesfalls darf man sie durch die Kartoffelpresse drücken oder gar durch den Fleischwolf drehen, denn die Kartoffelmasse muß sehr locker sein, damit sie sich mit dem gesiebten Mehl von Hand gut durchmischen läßt. Dann kommt noch etwas Salz dazu. Man röstet den Schmarrn in der Stielpfanne partienweise in reichlich Fett, das sehr heiß sein muß, und zerbröckelt ihn mit dem Backschäuferl.

STRUDEL UND ZELTEN

Apfelstrudel

Teig:
600 g Mehl
100 g Butter
20 g Salz
gut ½ l Milch

Füllung:
3 Pfund Äpfel
100 g Zucker
100 g Topfen
2 g Zimt
70 g Butter
70 g Sultaninen

Zum Begießen:
ca. ¼ l Milch

Oder: Keine Angst vor'm Ausziehen! Der Strudelteig ist bei vielen Hausfrauen gefürchtet. Dabei gibt es einen Strudelteig, den man nicht mit den Händen „ziehen" muß, sondern nur auswalken, und dies nicht einmal zu dünn.

Die Zutaten werden zunächst in einer Schüssel gut vermengt. Dann wird der Teig auf dem Nudelbrett weitergeschlagen, bis er fest, geschmeidig und glänzend ist. Man formt daraus zwei Kugeln und läßt sie zugedeckt eine Stunde ruhen. Dann wird die Füllung gemacht: Man sollte dazu leicht säuerliche Äpfel verwenden. Sie werden geschält, vom Kernhaus befreit und dünn aufgeschnitzt. Weiter kommen in die Schüssel: der Zucker, nasser Topfen, etwas Zimt und zerlassene Butter. Das alles wird gut verrührt.

Jetzt geht's weiter mit dem Teig. Er wird auf dem Nudelbrett (leicht bemehlt) etwa messerrückendick und in der Länge des Backgefäßes (man kann auch ein Blech hernehmen) ausgewalkt. Dann untergreift man ihn und legt ihn auf ein Tuch, damit man ihn später besser einrollen kann. Das geschieht von beiden Längsseiten her, sobald die Füllung gleichmäßig aufgetragen ist. Wenn sich die zwei Rollen in der Mitte treffen, wird das Ganze etwas an- und zusammengedrückt und vorsichtig in die mit Butter ausgestrichene Form gelegt. Die Backzeit im vorgeheizten Rohr beträgt eine Stunde bei 180°C. Nach 40 Minuten muß man den Strudel mit so viel Milch übergießen, wie er aufsaugen kann. Fertiggebacken, wird er in Portionen geschnitten. Heiß schmeckt er besonders gut.

Gremmel-Strudel

1 Pfund Mehl
1 Tasse Wasser
½ EL Salz
3 Eier
2 EL zerlassene Butter
etwas Mehl fürs Brett
20 EL Grieben
1 EL Butterschmalz
gut ½ l Milch mit 1 Prise Salz

Man sagt auch Grammeln zu den Grieben. Das sind die Rückstände vom ausgelassenen Schweinefett. So kleine, braune Kracherl.

Der Teig wird aus Mehl, lauwarmem Wasser, Salz und den Eiern zunächst in der Schüssel angerührt. Die zerlassene Butter sorgt für Geschmeidigkeit. Auf dem bemehlten Nudelbrett knetet man weiter und formt einen Laib, der zugedeckt eine halbe Stunde ruhen soll. Danach wird er noch einmal durchgeknetet und zu einer Teigsalami im Durchmesser von 6 cm geformt. Man kann auch zwei Rollen machen. Daraus schneidet man 10 Stücke, die etwa messerrückendick zu Eßtellergröße ausgewalkt werden. Auf diese Teigfleck werden je 2 Eßlöffel Gremmel gegeben und eingerollt. Man setzt die Strudel nebeneinander in die Reine zu ganz wenig zerlassenem Fett. Darüber wird lauwarme Milch gegossen. Die Backzeit im vorgeheizten Rohr beträgt 20 Minuten bei 200°C.

Rhabarber-Strudel

(4–6 Personen)

Strudelteig:
375 g Mehl
1 Ei
1 Tasse Wasser
1 Prise Salz
30 g Butter

Rhabarberfüllung:
4 Pfund Rhabarber,
kleingewürfelt
1 Pfund Zucker
1 TL Zimt, gemahlen
etwas Zitronenschale,
abgerieben
1 TL Nelkenpulver

Auf den Teig:
4 EL Butter
4 EL Semmelbrösel

Der Strudelteig ist einfach zu machen. Man braucht bloß die aufgeführten Zutaten zusammenzumischen und den Teig so lange zu schlagen und zu kneten, bis er geschmeidig ist. Er muß dann allerdings, mit einer Schüssel zugedeckt, eine halbe Stunde an einem warmen Ort ruhen. Dann läßt er sich gut auswalken oder ziehen.

Auf den dünnen Teigfleck verteilt man mit dem Pinsel zerlaufene Butter und streut Semmelbrösel darüber. Das bewirkt, daß der in kleine Würferl geschnittene, gezuckerte und fein gewürzte Rhabarber den Teig nicht angreift und durchsaftet. Auf die Rhabarberschicht kommt eine zweite aus Hackfleisch, Eiern, eingeweichten und ausgedrückten Semmeln, gehackten Zwiebeln, Petersilkraut, Salz, Pfeffer und Majoran. Dann rollt oder legt man den Teig samt Inhalt so zusammen, daß er in die Reine paßt. Darin wird er im Rohr bei 200 °C eine Dreiviertelstunde gebacken.

Fleischfüllung:
2 Pfund Hackfleisch
2 Eier

2 Semmeln, eingeweicht,
ausgedrückt
1–2 Zwiebeln, gehackt

Petersilie, fein gehackt
Salz, Pfeffer, Majoran

Ausgezogener Topfenstrudel

Teig:
100 g Mehl
½ Tasse Wasser
1 Prise Salz

Füllung:
65 g Butter
100 g Zucker
3 Eidotter
1 Pfund nasser Topfen
½ TL Vanillinzucker
10 g Rosinen
3 Eiweiß als Schnee

Auf dem Nudelbrett macht man vom gesiebten Mehl einen Kranz, schüttet in die Mitte das lauwarme Wasser, salzt, und verarbeitet die Zutaten mit dem Schaber zu einem Teig, den man dann mit den Händen knetet und schlägt, bis er geschmeidig ist und glänzt. Zu einer Halbkugel geformt, soll er unter einer vorgewärmten Schüssel eine Viertelstunde ruhen. Währenddessen bereitet man die Füllung:

Zuerst rührt man Butter und Zucker schaumig und vermischt dann die übrigen Zutaten darein. Der Eischnee wird zum Schluß nur locker untergehoben. Weiter geht's mit dem nun ausgerasteten Teig. Er wird auf einem leicht bemehlten Tuch zunächst zu einem dünnen Rechteck in der Länge der Bratreine oder des zu verwendenden Kuchenbleches ausgewalkt. Dann hebt man ihn vorsichtig vom Tuch und dehnt ihn von der Mitte aus über die Handrücken so lang und breit wie möglich. Übertrieben ausgedrückt: Der Teigfleck soll so dünn werden, daß man eine untergelegte Zeitung lesen kann. So wird er auf das ausgebreitete Tuch zurückgelegt, die Füllung wird gleichmäßig auf ihm verteilt. Dann rollt man den Strudel zusammen (Tuch auf einer Seite anheben). Die Rolle dürfte etwa die doppelte Länge der Reine oder des Backbleches haben. Man biegt sie in der Mitte um, so daß die Form eines langgezogenen U-Hakens entsteht. Sie wird in das ausgefettete Backgefäß gelegt und eventuell etwas breitgedrückt, so daß kein seitlicher Hohlraum bleibt. Im vorgeheizten Rohr wird der Strudel bei 120 °C eineinhalb Stunden gebacken. Man serviert ihn mit Zucker bestreut zum Kaffee.

Rupfhauben

1 Pfund Mehl
2 Prisen Salz
2 Eier
2–4 EL Wasser
2 EL Öl

Unterlage:
½ l Milch
50 g Butter
20 g Zucker

Rupfhauben machen muß man können, und trotzdem ist nichts dabei. Dieser Widerspruch ist aber leicht zu erklären, weil sich viele Hausfrauen einfach nicht darübertrauen. Selbst im Rupfhauben-Heimatland, dem Rottal, fürchten sich Köchinnen davor, daß diese Teigzelte im Tiegel zusammenfallen und vielleicht das Schicksal mancher Dampfnudeln erleiden könnten. In der Tat werden die Teigflecke vom Dampf, der sich aus der Unterlage bildet, hochgehoben und hergehalten. Während der Kochzeit darf man auf keinen Fall den Deckel heben, sonst verpufft die ganze Energie an die Weißdecke.
Wie man aus den Zutaten ersieht, handelt es sich um einen Nudelteig, der in der Schüssel zusammengerührt, dann auf dem Brett geknetet und zu einer „Salami" geformt wird. Davon schneidet man Stücke herunter, die ausgewalkt untertassengroße und messerrückendicke Fladen ergeben. Sie werden in der Mitte angefaßt, hochgehoben („gerupft") und nebeneinander in einen Tiegel gesetzt, in dem die Unterlage aus Milch, Butter und Zucker bereits köchelt. Das Ganze sieht dann aus wie ein Miniatur-Zeltlager der Türken vor Wien. Man deckt sofort zu, schaltet auf Mittelhitze (gut 200 °C) und gibt eine halbe Stunde „Dampf". So werden aus den spitzen Zelten bleichsüchtige, rundliche Rottaler „Goldhauben", die ganz gut zu was Eingemachtem oder zur „sauren Milli" schmecken.

Reinzelten

Teig:
1 Pfund Mehl
2 Eier
1 Prise Salz
5 EL Milch

Füllung:
⅜ l Sauerrahm
2 Pfund Heidelbeeren
200 g Zucker

In die Reine:
¼ Pfund Butterschmalz
1 l Milch
50 g Zucker

„Zelten" heißen in Niederbayern gefüllte Teigfleck, die in der Reine gebacken werden. Beliebte Füllungen sind Heidelbeeren, Äpfel, Zwetschgen oder Grieben.
In der Schüssel rührt man Mehl, Eier, Salz und Milch zu einem Teig zusammen, der dann auf dem bemehlten Nudelbrett gut geknetet wird. Man teilt die Teigkugel in zwei oder drei Ballen, die man nacheinander mit den Händen zu Rollen formt und von denen man wieder Stücke abschneidet. Diese werden mit dem Nudelholz zu dünnen Teigfleck ausgewalkt, etwa in der Größe einer Schreibmaschinenseite. Die angegebene Zutatenmenge müßte gut ein Dutzend solcher Fleck ergeben, die mit Sauerrahm bestrichen werden. Darauf verteilt man die gezuckerten Heidelbeeren in einer Menge, daß sich die Fleck noch gut einrollen lassen. Man legt sie nebeneinander quer in die Reine, in der bereits Butterschmalz ausgelassen wurde. Dann gießt man einen Liter gezuckerte Milch darüber. Die Reinzelten werden im Rohr bei 200 °C eine Dreiviertelstunde gebacken. Man ißt sie heiß zu Kaffee oder zu „g'stöckelter Milli", gestockter Milch also.

MISCHEHEN

Erdäpfel-Schnecken ▷

Teig:
2 Pfund Kartoffeln, gekocht
250–300 g Mehl
2 Eier
1 TL Salz

Füllung:
½ l Rahm
5 Eier
1 Prise Salz

Backfett

Die Kartoffeln werden geschält und durch die Presse gedrückt. Erst nach dem völligen Erkalten siebt man ein halbes Pfund Mehl darüber, schlägt die Eier dazu und vermengt das Ganze mit den Händen, knetet gut ab und walgt den Teig messerrückendick aus. Dazu verwendet man das übriggebliebene Mehl. Aus dem Teigfleck radelt man 18 bis 20 cm lange und 4 cm breite Streifen aus, die man zwei- bis dreimal spiralenförmig um den Finger wickelt, so daß „Schneckenhäuser" entstehen. Diese stellt man nun aufrecht aneinander in die 1 cm hoch mit zerlassenem Bratfett gefüllte Reine. Dann brät man sie bei Mittelhitze 20 bis 25 Minuten im Rohr. Inzwischen schlägt man aus Rahm, Eiern und einer Prise Salz die Füllung. Sie wird in die Hohlräume der Schneckenhäuser gegossen; dann kommt das Ganze noch einmal eine knappe Viertelstunde ins Rohr. Wer will, kann das fertige Gericht überzuckern. Dazu paßt auch sehr gut Eingemachtes oder Kompott.

Bauchstecherl

2 Pfund Kartoffeln
100 g Mehl
eventuell 1 Ei
Salz
Schweineschmalz
oder heiße Milch

Die Kartoffeln werden gedämpft und geschält. Noch heiß drückt man sie durch die Presse oder reibt sie auf. Dann läßt man sie ausdampfen und abkühlen. Auf dem Nudelbrett siebt man das Mehl über die Kartoffeln, schlägt das Ei dazu, salzt und knetet alles gut durch. Man kann nun aus dem Teig eine Walze formen, kleine Stücke davon abschneiden und diese zu Fingernudeln „schupfen" oder mit dem Löffel Portionsstücke aus dem Teig stechen und diese mit bemehlten Händen in die gewünschte Form bringen. In der Pfanne werden die Bauchstecherl in reichlich Schweineschmalz auf beiden Seiten dunkelbraun herausgebacken. Zu gekochtem Sauerkraut schmecken sie am besten. Ganz Gschlekkige backen sie in der Bratrein im Rohr, übergießen sie, kurz bevor sie ganz fertig sind mit heißer Milch, lassen diese ein wenig einziehen und bringen sie dann auf den Tisch.

Schwäbische Baunzen

5 große Kartoffeln
200 g Mehl
Salz
Butterschmalz

Die Kartoffeln kocht man schon am Tag vorher. Sie werden kalt geschält und gerieben oder durch den Wolf gedreht. Zusammen mit dem Mehl und einer Prise Salz werden sie zu einem Teig geknetet, aus dem man fingerdicke Nudeln rollt (wie die „Drahten Wixpfeiferl"). Schwäbische Baunzen müssen noch ein heißes Salzwasserbad nehmen (einmal aufkochen) und abtropfen, ehe sie mit Butterschmalz in die Pfanne kommen.

Gefüllte Kartoffelmaultaschen

(4 Stück)

Teig:
2 Pfund Kartoffeln, gekocht
1 Prise Salz
300 g Mehl
2 Eier

Zum Bestreichen:
4 EL „Sauers"
4 EL saurer Rahm
3 EL Zimtzucker

Füllungen:
Äpfel, geschnitzelt
Zwetschgen, geviertelt
Äpfel und Zwetschgen
Grieben

In die Reine:
100 g Butter oder Butterschmalz
2 Eier
½ Tasse Rahm

Man drückt die Kartoffeln durch die Presse und läßt sie auskühlen. Erst dann rührt man in der Schüssel oder auf dem Brett den Teig zusammen und knetet ihn gut durch. Danach formt man eine dicke Rolle und schneidet vier Stück davon ab, die auf einem gut bemehlten Brett mit dem Nudelholz zu messerrückendicken Fleck' ausgewalkt werden. Die Wirtin vom Gasthof Wolferstetter in Vilshofen macht vier Füllungen, und zwar mit Apfelspeiteln, Zwetschgenvierteln, mit einer Mischung aus beiden und mit Grieben. Die Teigblätter hat sie mit einem „Sauers" bestrichen. Das ist der Schaum, der beim Auslassen von Butter entsteht und eine Mehlspeis' recht mild macht. Sie hat den Teigflecken noch einmal Saueres gegeben in Form von Rahm, den sie über das „Sauers" verteilt hat. Darüber ist jeweils ein Löffel Zimtzucker gestreut worden. Natürlich nicht bei der Grieben-Füllung.

Wieviel man bei den jeweiligen Füllungen hernehmen muß, ergibt sich aus der Größe der Teigblätter. So zwei bis drei Eßlöffel voll. Die Fleck' werden dann auf zwei Seiten eingeschlagen und von oben nach unten eingerollt. So kommen die Maultaschen in die Reine, in der bereits zerlassenes heißes Fett auf sie wartet. Man beschöpft sie damit und läßt sie im Rohr eine halbe Stunde bei 230 °C backen. Fünf Minuten zuvor nimmt man die Reine heraus, übergießt den Inhalt mit Eierrahm und läßt diesen im warmen Ofen stocken.

Schwalbennester

1 Pfund Kartoffeln, gekocht
300 g Mehl
1 Ei
2 EL Grieß
Salz
2–3 Äpfel, geschnitzelt
Zucker, Zimt
125 g Butter
1 Tasse Rahm

Die Kartoffeln werden bereits einen Tag vorher gekocht. Dann werden sie gerieben oder durchgepreßt, mit Mehl, Ei, Grieß und einer Prise Salz zu einem Teig verarbeitet, der auf dem bemehlten Nudelbrett zu einer Rolle geformt wird. Davon schneidet man Stücke ab und drückt oder walkt sie zu tellergroßen, bleistiftdicken Flecken. Man legt in ihrer Mitte einige Apfelschnitze darauf, bestreut diese mit Zimtzucker und schlägt den Teig taschen-förmig zusammen. Die Schwalbennester schichtet man nun in die Bratrein, in der Schmalz oder Butter zerlassen wurde, gießt den Rahm darüber und läßt sie im Rohr 45 Minuten bei mittelstarker Hitze backen.

Reibedatschi

1½ Pfund Kartoffeln
1 Zwiebel
1 Ei, 3 EL Mehl
Salz, Backfett

Rohe, geschälte Kartoffeln und eine Zwiebel werden durch ein Reibeisen in eine Schüssel gerieben oder im Mixer zerkleinert. Dieser Masse mengt man ein Ei und etwas Mehl bei, salzt sie gut und bäckt daraus in der Pfanne in heißem Fett etwa handtellergroße Pfannkuchen. Dazu ißt man Sauerkraut. Manche mögen auch Apfelkompott dazu.

HEFETEIGGEBÄCK

Topfennudeln

80–100 g Butter
50 g Zucker
2 Eier
40 g Hefe
etwas Milch
400 g Topfen
300 g Mehl
50 g Rosinen
Salz

Butter, Zucker und Eier werden schaumig gerührt. Daran gibt man die mit wenig Milch und wenig Zucker aufgelöste Hefe, den Topfen, das Mehl, die Rosinen, Salz und, wenn nötig, noch einige Eßlöffel Milch. Der Teig wird kurz durchgeschlagen und dann zum Gehen warm gestellt. Anschließend sticht man mit dem Eßlöffel Nudeln davon ab und legt sie in eine gut gefettete Reine nebeneinander ein. Dann bäckt man sie in der Röhre bei guter Mittelhitze (200 °C) etwa eine halbe Stunde goldbraun und gibt sie mit der braunen Kruste nach oben und mit Zucker überstreut zu Tisch. Man kann Zimtzucker verwenden oder ein Kompott dazu geben.

Münchner Wuchteln

1 Pfund Mehl
20 g Hefe
60–80 g Zucker
etwa ⅜ l Milch
3–4 Eier, Zucker
80 g Butter, Salz
100 g Butter zum Eintauchen

Hefe, etwas Zucker und Milch setzt man zu einem Dampfel an (es muß 10 Minuten gehen), gibt es in das Mehl und verschlägt es nach dem Gehen mit Milch, den Eiern, Zucker, der weichen Butter und Salz zu einem recht zarten, halbfesten Hefeteig. Man formt daraus ganz kleine Nuderl, die unter einem Tuch nochmals etwa eine Viertelstunde in der Wärme gehen müssen. Dann taucht man jede Nudel einzeln in die Butter, setzt sie dicht nebeneinander in eine Reine oder feuerfeste Form, streut Zucker darüber und überbäckt sie im Rohr langsam goldbraun. Diese schön fettglänzenden goldbraunen Nuderln sind ein Hochgenuß!

Gefüllte Dalken

1 Pfund Mehl, 20 g Hefe
2 Eier, 3–4 EL Butter
etwas Milch, 3–4 EL Zucker
etwas Salz
Zwetschgenmus
oder Marmelade
Backfett

Aus Mehl, der aufgelösten Hefe (die schon etwa 10 Minuten gegangen ist), den Eiern, Butter, Milch, Zucker und Salz bereitet man einen knetbaren Hefeteig, der dicklich ausgewellt wird. Man schneidet viereckige Stücke davon ab, bestreicht sie mit Butter und füllt in die Mitte etwas Zwetschgenmus oder Marmelade. Dann zieht man die vier Ecken in der Mitte zusammen und gibt die Fleck auf ein gefettetes Backblech oder noch besser in eine gefettete Bratreine, streut Zucker darüber und bäckt sie im Rohr goldbraun.

Hauberlinge ▷

1½ Pfund Roggenmehl
1½ Pfund Weizenmehl
40 g Hefe
Milch
Zucker
4 Eiweiß
1 l Wasser
2 EL Salz
1 EL Kümmel
Backfett

Zuerst vermischt man das Mehl und stellt es warm, dann wird das Dampfel aus einem zerbröckeltem Hefewürfel, etwas lauwarmer Milch und einer Messerspitze Zucker hergerichtet. Wenn es 10 Minuten gegangen ist, kommt es in die Schüssel zum Mehl. Es wird gut verrührt mit noch vier Eiweiß und einem Liter lauwarmem Wasser, das man nach und nach zugießt. Gewürzt wird nur mit Salz und Kümmel. Wenn der Teig gut abgeschlagen ist, muß er an einem warmen Platz zugedeckt zwei Stunden gehen. Danach sticht man mit dem Eßlöffel etwa hühnereigroße Nudeln heraus und legt sie in die Pfanne mit heißem Fett, und zwar so, daß sie eine zusammenhängende und pappende Kette bilden. Die Hauberlinge dürfen nicht in Fett schwimmen; das Schmalz darf ihnen nur bis zum Nabel gehen. In eine mittlere Pfanne bringt man eine viergliedrige und zwei dreigliedrige Ketten hinein. Man übergießt sie auf der Oberseite mit dem Schmalz, damit sie gut aufgehen. Wenn sie auf der Unterseite schön braungebacken sind, kann man, wenn man geschickt ist, die Ketten als Ganzes wenden. Die Hauberlinge sind ein schweres Gebäck, aber sie gehören auch nicht, wie etwa die lockeren Krapfen, auf den Kaffeetisch, sondern als Soßenschlucker zu sauren Gerichten. Ein aufgerissener Hauberling sieht innen aus wie ein Wespennest oder wie aneinandergereihte Waben.

Rohrnudeln mit Zwetschgen

1 Pfund Mehl
20 g Hefe
2–3 EL Zucker
¼ l Milch
Salz
etwa ¾ Pfund Zwetschgen, entsteint
Würfelzucker
100 g Butter oder Butterschmalz

Aus Mehl, der mit etwas Milch aufgelösten Hefe, Zucker, Salz und der nötigen Milch macht man einen strengen Hefeteig, der sehr gut abgeschlagen und dann warm gestellt wird. Daraus formt man gleichmäßige Nudeln und füllt sie mit aufgeschlitzten Zwetschgen, bei denen man den Kern durch ein Stück Würfelzucker ersetzt hat. Die Nudeln werden gut zugedreht, damit sie geschlossen bleiben und unter einem Tuch neuerdings zum Gehen warm gestellt. Dann setzt man sie dicht nebeneinander in eine Reine, in der das Fett schon gut erhitzt wurde und bäckt sie, wenn sie noch einmal gegangen sind, im Rohr goldgelb. Die fertigen Nudeln werden gestürzt und gut überzuckert.
Weitere beliebte Füllungen für Rohrnudeln sind Äpfel, Kirschen und Heidelbeeren.

Dampfnudeln ▷

40 g Hefe
½ l Milch
Zucker
1 Pfund Mehl
1 Ei
Salz
100 g Butter oder Butterschmalz
3 Äpfel, geschnitzelt

In die Schüssel bröckelt man zu ¼ l lauwarmer Milch und einem Teelöffel Zucker die Hefe. Sobald das Dampfel nach oben kommt (in etwa einer Viertelstunde), wird ein halbes Pfund Mehl eingerührt, alles gut vermengt und der Teig an einen warmen Ort gestellt. Nach ungefähr einer halben Stunde kommen nochmals 200 bis 250 g Mehl sowie das Ei und eine Prise Salz dazu. Man kann es auch einfacher machen und gleich das ganze Pfund Mehl in eine Schüssel geben, eine Grube hineindrücken und das Hefedampferl (Hefe, Zucker, Milch) darin gehen lassen. Dazu kommen die schon genannten Zutaten. Der Teig wird kräftig durchgeschlagen, bis er Blasen wirft und sich fest vom Kochlöffel reißt. Dann darf er nochmals „gehen" und um die Hälfte seines bisherigen Umfangs anwachsen. Am liebsten tut er das warm zugedeckt. In der Zwischenzeit läßt man in einem breiten Tiegel das Fett zergehen, gießt ¼ l warme Milch hinzu und gibt die Apfelschnitzel hinein. Diese werden noch etwas überzuckert.

Bis es im Tiegel nun ganz leicht brodelt, sticht man mit dem Löffel eiergroße Nudeln ab, formt sie mit der Hand auf bemehltem Brett oder Tuch semmelrund und legt sie sogleich auf die Äpfel im Tiegel. Drin sollen sie noch einige Minuten „gehen", bis zwischen den einzelnen Nudeln keine Zwischenräume mehr sind (bis sie oben zumachen). Dann deckt man das Gefäß gut zu und dämpft die Nudeln bei mäßiger Hitze eine gute halbe Stunde. Währenddessen darf der (am besten beschwerte) Deckel keinesfalls abgenommen und „nachgeschaut" werden. Auch nach der Garzeit muß das Gefäß noch einige Minuten – vom Feuer weg – zugedeckt stehen. Den Deckel hebt man langsam ab, damit der Dampf nicht auf einmal entweicht und die Nudeln zusammensinken.

Schwierig ist das Ende der Garzeit zu erkennen. Erfahrene Köchinnen sagen: „Das muß man hören!" Die Nudeln kündigen ihr „Wir sind reif – nehmt uns raus!" im Tiegel durch Seufzen und Knistern an. Zu den Dampfnudeln ißt man Eingemachtes oder Kompott.

Dukatennudeln

1 Pfund Mehl
40 g Hefe
1 Ei
200 g Butter
2–3 EL Zucker
Salz

Fertige Vanillesoße
¼ l Rahm
1–2 EL Rum
2 Packerl Vanillinzucker

In das Mehl macht man eine kleine Grube und gibt die in etwas Milch mit Zucker aufgelöste Hefe hinein. Wenn das Dampferl gegangen ist, gibt man das Ei, die weiche Butter, 2 bis 3 Eßlöffel Zucker und etwas Salz, wenn nötig, auch noch ein wenig Milch dazu. Die große Hefemenge ist wegen der reichlichen Fettzugabe notwendig.

Nun wird der Teig sehr gut abgeschlagen und dann zu kleinen Nudeln gedreht, die nur so groß wie eine Walnuß sein sollen. Diese Nudeln werden noch in erwärmte Butter getaucht und dann dicht nebeneinander in eine gefettete Bratrein gesetzt. Man läßt sie noch einmal gehen und bäckt sie dann im Rohr knapp ½ Stunde goldgelb. Dazu gibt man eine Vanillesoße, die mit Schlagrahm, Rum und Vanillinzucker verfeinert wurde.

Dazu was Süßes

Hollerkoch ▷

2 Pfund Holler
½ l Wasser
1 Apfel, geschält, geschnitzelt
1 Birne, geschält, geschnitzelt
1 Dutzend Zwetschgen,
geschält, geachtelt
½ Pfund Zucker
½ TL Zimt
4 TL Stärkemehl
½ Tasse Rahm

Ja, da kocht sich was Feines zusammen, wenn man so die Zutaten liest. Drum heißt's auch Hollerkoch und nicht etwa Holunderkompott oder Früchtemus. Freilich der Holler allein macht's nicht. Es gehören noch ein geschälter Apfel und eine ebensolche Birn' dazu. „Des braucht's ja dennerscht net", hat eine Rottaler Bäuerin gemeint, als ihre Tochter, frisch aus der Haushaltsschule kommend, ihr dieses vorschrieb. Und es kam noch ärger. Die Zwetschgen sollten auch geschält werden, nicht bloß geviertelt oder geachtelt. Weil sich die Haut nicht verkocht. Daß man die Kern' aus den Früchten tut, also das ham's allerweil schon gmacht.

Den ganzen Holler kocht man mit der Hälfte Wasser und Zucker an und gibt dann die Früchteschnitz' dazu. Dabei bleibt der Deckel zu. Nach zehn Minuten kommt dann alles zusammen. Jetzt muß man schon öfters umrühren. Nach zwanzig Minuten Kochen kommt ein Mehlteigerl aus 4 Löffel Stärkemehl und ein bißl Wasser daran, damit alles schön bindig wird. Jetzt sollt man den Kochlöffel nicht mehr aus der Hand legen und nichts anbrennen lassen. In einer halben Stunde insgesamt ist der Hollerkoch fertig. Der Rahm, der am Schluß noch drunter gerührt wird, darf nicht mehr kochen.

Kletzentauch

Das ist ein Kompott von Kletzn, von getrockneten Birnen. Zu vielen Mehlspeisen braucht der Bayer seinen „Tauch". Das Wort kommt vom Eintauchen. Die gebräuchlichsten Kompotte sind auch bei uns Apfelkompott, Birnenkompott und Zwetschgenkompott.

Weinschaumsoße (Chaudeau)

4 Eier
50 g Zucker
1 TL Stärkemehl
¼ l Weißwein
etwas Zitronenschale,
abgerieben

In alten, handgeschriebenen Rezeptsammlungen findet man sie häufig unter „Schotto" oder „Schodo", weil die Köchinnen mit der französischen Schreibweise nichts Besseres anzufangen wußten. Die Zubereitung ist dafür denkbar einfach. Alle Zutaten werden am besten im Wasserbad heiß verrührt, bis der Schaum hochkommt. Dann schaltet man die Hitze zurück, weil die Soße nicht kochen darf. – Wenn man die Eier getrennt hat, wird der steif geschlagene Schnee zum Schluß eingerührt.

Schwerere Brocken

Gugelhupf ▷

500 g Mehl
40 g Hefe
180 g Butter
125 g Zucker
Saft und abgeriebene Schale
von ½ Zitrone
¼ l Milch
3–4 oder sogar 6 Eier
Salz
100–150 g Rosinen
1 Handvoll Mandeln
oder Nüsse
Vanillinzucker oder Mandelöl

auch Kugelhupf oder Gogelhupf genannt, ist ein bayrischer Sonntag-Nachmittagskuchen, den es vom hintersten Bauernhaus bis hinein in die Großstadt gibt.

Aus Mehl, der aufgelösten Hefe, Butter, Zucker, Saft und Schale der Zitrone, Milch und möglichst vielen Eiern sowie Salz bereitet man einen halbfesten Hefeteig, der sehr gut geschlagen wird, bis er Blasen wirft. Dann gibt man die Rosinen, die Mandeln, nach Belieben noch ein Packerl Vanillinzucker oder etwas Mandelöl dazu und läßt den Teig in einer gut gefetteten Gugelhupfform, die nur dreiviertel vollgefüllt werden darf, noch einmal zugedeckt in der Wärme gehen. Dann bäckt man ihn 45 bis 50 Minuten bei Mittelhitze goldbraun. Man kann den Gugelhupf zuletzt überzuckern oder mit geschmolzener Schokolade oder fertiger Glasur überziehen.

Würziger Zopf

20 g Hefe
etwas Milch
150 g Zucker
Salz
1 Pfund Mehl
2–3 Eier
100 g Butter
½ TL Anis
½ TL Kardamom
Mandelöl

Zuckerguß:
Saft von 1 Zitrone
Puderzucker
Belegfrüchte oder Zitronat

Wie üblich wird ein Dampferl gemacht: In der Schüssel die zerbröckelte Hefe mit lauwarmer Milch und etwas Zucker und Salz eine Viertelstunde gehen lassen. Der Hefeteig, der ziemlich streng sein soll, wird für eine halbe Stunde zum Gehen warm gestellt. Dann macht man drei gleiche Teile daraus, rollt sie zu Würsten aus und flicht dann einen lockeren Zopf davon. Die Enden werden unsichtbar unten eingesteckt. Dann bestreicht man den Teig mit Ei und läßt ihn noch einmal in der Wärme gehen. Er wird auf gefettetem Blech goldgelb gebacken. Zuletzt überzieht man den Zopf mit einem Zuckerguß, der mit Zitronensaft gewürzt wurde und steckt bunte Belegkirschen oder Zitronatwürfel hinein.

Kletzenbrot   ▷

800 g Hausbrotteig
1 Pfund Kletzen
125 g Dörrzwetschgen
200 g Feigen
200 g Weinbeerl
15 g Zimt
1 Messerspitze Nelken
¼ Tasse Rum
2 Packerl Hefe (ca. je 40 g)
Mandeln und kandierte Früchte
zur Verzierung
etwas Kartoffelstärkemehl

Das war früher eine der ersten Quiz-Fragen in der ABC-Schützenklasse: „Woaßt du, wia ‚Kletzensepp, laß di hoamgeinga!' auf breissisch hoaßt?" Auflösung: „Ausgedörrter Birnen-Josef, laß dich nach Haus violinen!" Was hamma da glacht! Und schon samma bei den Kletzen. Das sind ganz spezielle Mostbirnen, die sozusagen zweimal „zeitig" werden. Das erste Mal sind sie noch voller Saft und rauh-süß. Da preßt man sie aus zu Most. Wenn man aber solche Birnen noch eine Zeitlang liegen läßt, dann werden sie teigig (doackert), das heißt: innen braun und honigsüß, aber nicht faulig. In diesem Zustand gibt man sie in einen Dörrofen, worin sie zwar ihre Gestalt, aber nicht das Aroma einbüßen. Genauso macht man es auch mit Zwetschgen, Pflaumen oder Apfelscheiben. Nach dieser Herbst-Arbeit machen die gedörrten Früchte vor Weihnachten ihre „Brot-Zeit". Sie werden in Wasser eingeweicht, kleingeschnitten und dann in einen Hausbrotteig eingearbeitet, den man sich vom Bäcker besorgt. Es empfiehlt sich aber, noch zusätzlich zwei Packerl Hefe als „Entwicklungshelfer" auf den „Gehweg" mitzugeben, weil der Teig durch die Zutaten sehr schwer wird.

Wenn man den zusammengemengten Teig zu Pfund-Laiben geformt hat, läßt man diese eine Stunde gehen, bedeckt sie dann ganz nach Kunstsinn mit Mandeln und kandierten Früchten, bepinselt sie mit Wasser, in dem etwas Kartoffelstärkemehl aufgelöst ist (das gibt einen schönen Glanz) und bäckt sie eine Dreiviertelstunde bei 190 °C im vorgeheizten Rohr. Dieses Rezept stammt vom Bäckermeister Siemeth in Deggendorf.

Nuß-Schnecken

Teig:
1 Pfund Mehl
20 g Hefe
75 g Butter
100 g Zucker
2 Eier, etwas Milch

Füllung:
125 g geriebene Haselnüsse
1 EL Honig
1 EL zerkleinerte Rosinen
2 EL Zucker
½ Tasse dicker Rahm
Zimt, Mandelöl
1 Eidotter

Aus Mehl, Hefe, Butter, Zucker, Eiern und etwas Milch macht man einen nicht zu weichen, gut durchgearbeiteten Hefeteig. Er wird nach dem Gehen dünn ausgewellt. Dann bestreicht man ihn mit einer Füllung aus geriebenen Haselnüssen, dem weichen Honig, den zerkleinerten Rosinen, Zucker und so viel Rahm, daß die Masse streichfähig ist. Zuletzt fügt man noch etwas Zimt und Mandelöl dazu. Der damit bestrichene Hefeteig wird aufgerollt und in gleichmäßige Stücke von 2 bis 3 cm Breite geschnitten. Man stellt die Schnecken hochkant in eine gut gebutterte Springform, bestreicht die Oberfläche mit einem geschlagenen Eidotter, läßt die Schnecken noch kurz (etwa eine Viertelstunde) gehen und bäckt sie dann 35 bis 40 Minuten bei Mittelhitze goldgelb.

128

Feines Kletzenbrot

1–1½ Pfund frischer Brotteig
½ Pfund Dörrzwetschgen
½ Pfund Kletzen
½ Pfund Apfelringe und
Dörraprikosen
½ Pfund Feigen
½ Pfund Rosinen
1–2 Gläschen Rum
½ Pfund Zucker
1 Päckchen Lebkuchengewürz
½ Pfund grobgehackte Mandeln
oder Haselnüsse
je 50 g Zitronat und Orangeat

Zuckerguß:
Saft von 1 Zitrone
Puderzucker
Folie

Der Brotteig wird beim Bäcker gekauft und nicht zu kühl gestellt. Inzwischen werden die Dörrfrüchte kleingeschnitten und mit Rum, Zucker, dem Gewürz und etwas Wasser eingeweicht. Sie sollen recht saftig sein. Dazu gibt man dann die gehackten Nüsse und den Brotteig. Der Teig wird rasch, aber gut verknetet, notfalls noch etwas mit Wasser oder Milch angegossen, er soll aber nicht zu naß sein. Man formt 2 bis 3 runde oder längliche Laibe daraus, die in Alufolie gehüllt werden, damit die Außenkruste beim Backen nicht zu hart und trocken wird. Die Laibe werden ins heiße Rohr geschoben und 50 bis 60 Minuten bei großer Hitze (200 °C) fertig gebacken. Dann nimmt man sie aus der Folie und überzieht sie nach Belieben mit Zuckerguß oder wickelt sie frisch in Folie ein, damit sie einige Wochen recht saftig bleiben, wenn man sie nicht schon vorher aufgegessen hat, weil sie so gut schmecken.

Weihnachtsstollen

2 Pfund Mehl
80 g Hefe
¼ l Milch
200 g Zucker
Anis, Kardamom
Salz
125 g Mandeln, kleingeschnitten
60 g Zitronat, kleingeschnitten
60 g Orangeat, kleingeschnitten
⅛ l Rum
300 g Butterschmalz
650 g Sultaninen
etwas Butter
Puderzucker

In das Mehl macht man oben eine Grube und gibt die mit etwas Milch und Zucker aufgelöste Hefe hinein. Wenn das Dampferl gegangen ist, verknetet man den Teig mit der Milch, würzt mit Anis, Kardamom, Salz, nach Belieben auch noch mit etwas Vanillinzucker und Mandelöl und gibt die kleingeschnittenen Mandeln, das Zitronat, das Orangeat, den Rum, das weiche Butterschmalz und den restlichen Zucker darunter. Der Teig wird sehr gut durchgeknetet. Erst am Schluß kommen die Sultaninen dazu. Es macht etwas Mühe, sie unterzubringen, aber es geht schon. Der Stollenteig wird nun zu 2 länglichen Stollen geformt, die man rechts und links einschlägt, so daß sie leicht kantig wirken. Sie brauchen jetzt eine gute Stunde, zugedeckt und warm gestellt, damit sie schön gehen können. Dann schiebt man sie etwa 35 Minuten lang bei 200 °C ins Rohr. Noch warm entfernt man die dunkel gewordenen Sultaninen an der Außenschicht, da sie natürlich leicht verbrannt sind und bitter schmecken würden. Jetzt wird der Stollen dick mit warmer Butter bestrichen und fest mit Puderzucker bestäubt. Dies wiederholt man noch 1- bis 2mal, damit der Stollen eine recht dicke Zuckerkruste hat, die ihn lange frisch hält und auch aromatisch macht.

Schmalzbachenes

„SCHWIMMENDES FETT"

„. . . und dann bäckt man die Krapfen in schwimmendem Fett auf beiden Seiten schön goldbraun." Das haben Sie schon oft in Kochbüchern gelesen, aber gesehen wohl nicht. Denn wie man's auch betrachtet: Es schwimmt der Krapfen, aber nicht das Schmalz. Wir gehen ja auch nicht in schwimmendes Wasser zum Baden, sondern plantschen darin herum, egal ob dieses steht oder fließt. Allerdings gibt es Fälle von schwimmendem Fett: das sind die Fettaugen auf einer guten Suppe. – Die Hauptdarsteller im folgenden Kapitel werden freilich „in Fett schwimmend" gebacken.

Nonnenfürzle

¼ l Milch
80 g Butter
150 g Mehl
3 Eier
2 EL Zucker
½ TL Backpulver
1 Prise Salz

sind etwas Geistliches und daher unsichtbar. Wenn sie aber in der Küche passieren, kommt dabei Folgendes heraus:

In einem Topf erhitzt man die Milch mit der Butter und rührt alles Mehl auf einmal dazu, und zwar so lange, bis sich ein Klumpen bildet und sich der Brandteig vom Kochgefäß löst. Eier, Zucker, Backpulver und Salz werden kalt eingearbeitet. Aus der Masse formt man mit dem Kaffeelöffel kleine Nockerl, die in Fett schwimmend hellbraun ausgebacken werden.

Hollerküachl ▷

10 Hollerblüten

Pfannkuchenteig:
200 g Mehl
Salz
2–3 Eier
¼ l dunkles Bier
Backfett
Staubzucker

Der Holler (Holunder) blüht im Mai/Juni. Es gibt auch heute fast keinen bayerischen Bauerngarten, in dem nicht eine „Hollerstauern" (Holunderstrauch) wächst. Denn man schreibt den Hollerbierln (Holunderbeeren) heilsame Kräfte zu. „Vor einer Hollerstauern muß man dreimal den Hut abnehmen", heißt ein alter Spruch. Die Beeren (sie werden im September reif) kann man zu Saft abpressen oder ein wohlschmeckendes Mus aus ihnen kochen. Aber auch die Blüten kann man essen, allerdings in einer geschmalzenen Verpackung. Die Stengel werden etwa 15 Zentimeter hinter den Blüten abgeschnitten und sauber gewaschen und ausgeschüttelt, denn Hollerstauden können in manchen Jahren ziemlich verlaust sein.

Für die Hollerküachl bereitet man einen ziemlich festen Pfannkuchenteig aus Mehl, Salz und Eiern. Statt Milch oder Wasser aber nimmt man in diesem Fall dunkles Bier (Malzbier). In diesen Teig taucht man die Hollerblüten, indem man sie am Stiel anfaßt und bäckt sie in heißem Fett schwimmend heraus. Dann wendet man sie in Staubzucker. Noch heiß serviert schmecken sie am besten.

Bavesen

Füllung:
500 g gedörrte Zwetschgen
50 g Zucker
1 Messerspitze Nelkenpulver
6–8 alte Semmeln oder
Weißbrotscheiben (½ cm dick),
ohne Rinde
¼ l Milch

Panade:
2–3 Eier
Semmelbrösel
oder Pfannkuchenteig
Schmalz/Backfett
Zimtzucker

Pavesen (auch Bavesen, von lat. „pavesa") sind nichts anderes als zwei aufeinandergelegte Weißbrotscheiben, die mit verschiedenen Füllen verfeinert werden und dementsprechende „Vor"-Namen annehmen, z. B. *Leber-Pavesen, Milz-Pavesen, Hirn-Pavesen* usw. Pavesen können je nach Größe der Scheiben und entsprechend dem Inhalt in die Suppe oder als Gemüsebeilage gegeben werden. *Zwetschgen-Pavesen* aber sind eine Mehlspeis' für sich.

Zuerst kocht man die gedörrten Zwetschgen weich, entkernt sie und verwiegt sie zu einem dicklichen Brei, dem man Zucker und eine Messerspitze Nelken beigibt. Diese Füllung streicht man auf eine Weißbrotscheibe, deren Rinde man abgerieben hat, legt eine zweite Scheibe darauf, drückt sie etwas an und beträufelt die so gewonnene Pavese auf beiden Seiten mit etwas Milch.

Dann wendet man die Pavesen in Ei und den Bröseln oder in Pfannkuchenteig und backt sie in Fett schwimmend auf beiden Seiten schön goldgelb heraus. Anschließend wendet man sie in Zimtzucker.

Gefüllte Polsterzipfel

120 g Butter
60 g Zucker
2 Eier
300 g Mehl
1 TL Backpulver
Salz
etwas Zitronenschale,
abgerieben
2 EL Rahm
Marmelade
1 Eiweiß
Backfett
Puderzucker

Aus Butter, Zucker, Eiern, Mehl, Backpulver, Salz, Zitronenschale und Rahm bereitet man einen zarten Teig, der ausgewellt und zu kleinen Vierecken ausgeradelt wird. Man gibt in jedes Viereck einen Klecks Marmelade und bestreicht die Ränder mit Eiweiß. Sie werden diagonal zusammengeschlagen. Dann drückt man die Ränder etwas an und bäckt die Polsterzipfel in heißem Fett schwimmend goldgelb. Zuletzt werden sie mit Puderzucker überstreut.

Oblatenküachl (Stallfenster)

Pfannkuchenteig:
125 g Mehl
1 EL Zucker
2 Eier, getrennt
Salz
Milch

große Oblaten
Marmelade
Backfett

Der Pfannkuchenteig soll ziemlich dick sein; das Eiweiß wird dabei zu Schnee geschlagen und zum Schluß untergezogen. Eine viereckig geschnittene Oblate wird ganz dick mit Zwetschgenmus bestrichen, eine zweite Oblate daraufgelegt und leicht angedrückt. Nun taucht man die Ränder dieser doppelten, gefüllten Oblate jeweils etwa ½ bis 1 Zentimeter in den Pfannkuchenteig, so daß ein „Fensterrahmen" entsteht.
Diese „Stallfenster", wie sie in Niederbayern heißen, werden in heißem Schmalz schwimmend herausgebacken und mit Puderzucker bestreut zu Tisch gegeben.

B'soffene Jungfern

3 Eier, getrennt
75 g Zucker
80 g Mehl
etwas Zitronenschale,
abgerieben
Backfett
¼ l Weiß- oder Rotwein
1 Zimtstange
2 Nelken
1 Zitronenscheibe

Eigelb und Zucker werden schaumig gerührt, zum Schluß gibt man auch noch den steif geschlagenen Eischnee dazu. Dann werden Mehl und Zitronenschale daruntergemischt. Aus diesem Teig macht man dann mit dem Teelöffel kleine Häufchen und gibt sie in heißes Backfett. Sie werden schwimmend schön goldbraun herausgebacken und dann beim Anrichten mit heißem Wein übergossen, dem beim Erhitzen Zimt, Nelken und eine Zitronenscheibe beigefügt wurden.

Strauben

¼ l Milch
60 g Butter
50 g Zucker
Salz
200 g Mehl
4 Eier
2 cl Rum
Backfett

Strauben macht man am besten aus einem Brandteig. Dazu erhitzt man zunächst Milch, Butter, Zucker und Salz in einem Tiegel und rührt dann auf einmal die ganze Mehlmenge dazu. Man läßt den Kochlöffel so lange kreisen, bis der Teig einen Knödel bildet und sich vom Tiegel löst. Nach dem Erkalten rührt man nacheinander die Eier dazu und ein Stamperl Rum. Man hält den Teig so weich, daß er nicht von selbst aus der Strauben-spritze ins heiße Schmalz tropft, sondern dafür etwas „Druck von oben" benötigt. Man formt dabei nach Belieben Schnecken, Ringe oder irgendwelche bizarren Gebilde. Sie werden im Schmalz auf beiden Seiten goldgelb gebacken.

Käsestrauben

150 g Schmelzkäse (je nach Geschmack)
⅛ l Milch
⅛ l Bier
200 g Mehl
½ TL Backpulver
2 Eier
Backfett

Den Schmelzkäse schneidet man in kleine Stücke, gibt diese in kochende Milch und rührt so lange, bis der Käse sich aufgelöst hat. Man deckt die cremige Masse zu und läßt sie etwas abkühlen. Inzwischen werden Bier und Mehl mit dem Backpulver klumpenfrei verrührt, an das Milch-Käse-Gemisch gegossen und nach und nach die Eier dazuge-schlagen. Den Teig eine halbe Stunde quellen lassen. Er soll danach dickflüssig vom Kochlöffel tropfen. Dann gießt man ihn, wie man ihn braucht, durch einen Trichter (Durchmesser der Austrittsöffnung ½–1 cm) in heißes Backfett. Dabei macht man mit der Hand kreisende und achterförmige Bewegungen. So entstehen in der Schmalzpfanne bizarre Teiggebilde in gewünschter Größe, die man schön knusprig bräunt.

Schwäbische Sträuble

125 g Mehl
⅛ l Milch
4 Eier
Salz
Backfett
Zucker, Zimt

Da es sich um ein schwäbisches Hausmacherrezept handelt, stellt man zunächst aus Mehl, Milch, Eiern und Salz einen „Flädleteig" her. Ein Pfannkuchenteig wäre dasselbe, aber halt nicht schwäbisch – und etwas dünner. Wer ihn gleich in einem Schnabeltopf angerührt hat, braucht nun nicht mehr um-, sondern kann den Teig gleich vom Topf ausgießen. Und zwar in eine Pfanne mit heißem Backfett, in die man kleine oder mittelgroße Ringe gießt. Man backt sie auf beiden Seiten schön goldbraun und bringt sie mit Zucker und Zimt bestreut auf den Kaffeetisch.

_____ *Goldgelbe Germgebilde* _____

Auszogne Küachl ▷

1 Pfund Mehl
40 g Hefe
¼ l Milch
2 Eier
50 g Zucker
50–70 g Butter
Salz
Backfett
Zucker

Zuerst löst man die Hefe in etwas Milch auf und läßt sie gehen. Dann bereitet man aus Mehl, der Hefe, Milch, Eiern, Zucker, Butter und Salz einen recht mürben Hefeteig, der gut abgeschlagen wird. Daraus sticht man eigroße Kugeln, die man zugedeckt auf dem bemehlten Brett noch schön gehen läßt. Sie werden dann mit den Fingern leicht drehend so ausgezogen, daß außenherum ein dicker Rand stehenbleibt und die Mitte sehr dünn ist. Nun legt man sie vorsichtig in heißes Fett, damit sie ein schönes hochsteigendes Mittelhäuterl bekommen, das weiß bleibt. Die Küachl werden beiderseits goldgelb gebacken.

Faschingsküacherl

2 Pfund Mehl
80 g Hefe
100 g Zucker
1 Prise Salz
⅜ l Milch
2 Eier, 4 Eidotter
1 Päckchen Vanillinzucker
100 g Butter
Schale von 1 Zitrone, abgerieben
Marmelade zum Füllen

Man siebt das Mehl in eine Schüssel, drückt in die Mitte eine Mulde und bröckelt da hinein die Hefe. Es kommen ein Teelöffel Zucker dazu und zwei Eßlöffel lauwarme Milch. Schon nach einer Viertelstunde hat sich da ein „Dampferl" aufgeblasen, das man nun mit allen übrigen, oben angegebenen Zutaten verrührt. Dann wird der Teig solange mit dem Kochlöffel geschlagen, bis er glänzt und sich leicht vom Schüsselrand löst. Trotzdem läßt man ihn noch eine Stunde in seinem Behältnis ruhen. Aber er beruhigt sich nicht, sondern „geht". Er steigt hoch, will aus der Schüssel heraus, hebt das Tuch in die Höhe. Da weiß dann die erfahrene Hausfrau, daß es für ihn bald Zeit ist für ein Schmalzbad. Man sticht mit einem Löffel etwa grießnockerlgroße Stücke heraus, formt sie rund, legt sie auf eine leicht mit Mehl bestaubte Unterlage, deckt sie zu und läßt sie zunächst nur das Heißwerden vom Fett hören, bis dieses eine Temperatur von 180°C erreicht hat. Und jetzt kommt das Raffinierte: Die Teigkugeln werden, in Fett schwimmend, zunächst drei Minuten zugedeckt gebacken, dann gewendet und wieder drei Minuten ohne Deckel gebadet. Da bekommen sie in der Mitte einen schönen weißen Ring. Die Fülle aus Marmelade wird ihnen eingespritzt. Der Tankstellenbesitzer und gelernte Konditor Gerhard Huber aus Pfarrkirchen verleibt ihnen gelegentlich auch scharfen Senf ein. Die kriegen diejenigen, die beim Tanken kein Trinkgeld hergeben. Diese Krapfen heißen dann „Berliner Pfannkuchen", kosten dafür aber nichts.

„Dafaide Eröpfö" ▷

¼–½ l Milch
1 TL Zucker
40 g Hefe
1½ Pfund Mehl
50 g Butter
1 Ei
1 Prise Salz

Füllung:
½ Pfund Dörrzwetschgen
50 g Zimtzucker

Panade:
2 Eier oder
flüssiger Pfannkuchenteig

Zum Bestreuen:
Zimtzucker

werden in Bayern so und nicht anders ausgesprochen. Nach der Schreibe hießen sie „verfaulte Kartoffeln", und solche gibt man hierzulande nicht einmal den Säuen zum Fressen. Wer unbedingt den Unterschied zwischen dafaiden Eröpfön und verfaulten Kartoffeln herausbringen möchte, soll halt in beide hineinbeißen. Dafaide Eröpfö läßt man sich gut zum Kaffee schmecken; sie sind ein Rottaler Schmalzgebäck mit einer ganz besonderen Füllung.

In gut ¼ l lauwarmer Milch löst man einen Teelöffel Zucker und die zerbröckelte Hefe auf, bis sie nach oben steigt und ein Häutchen macht. Die Hälfte dieser Flüssigkeit gießt man nun in eine Schüssel mit dem Mehl, in das man in der Mitte eine kleine Grube gedrückt hat. Dann rührt man ein wenig Mehl an die Hefemilch, gießt die restliche Flüssigkeit nach, rührt wieder Mehl zu und läßt den Kochlöffel immer weitere Kreise ziehen, bis die zerlassene Butter, das Ei und das Salz mit dem Mehl vermengt sind. Der Teig wird tüchtig abgeschlagen, bis er Blasen wirft und sich von der Schüssel löst. Ist er zu fest geworden, kann man mit Milch ausgleichen. Jetzt muß er unbedingt eine gute halbe Stunde an einem warmen Ort zugedeckt ruhen.

In der Zwischenzeit kann man die Füllung machen. Dazu sei noch bemerkt: Rottaler Bäuerinnen und Wirtinnen kochen entkernte gedörrte Zwetschgen auf und mischen dieses Mus mit Zimtzucker. Man kann aber auch fertige Zwetschgenmarmelade mit Zimtzucker verwenden, da spart man Arbeit.

Dem Teig tut diese Pause derart wohl, daß er dabei fast um das Doppelte wächst. Dann sticht man mit einem Eßlöffel grießnockerlgroße Nudeln aus dem Teig, drückt sie mit bemehlten Händen auf bemehltem Brett rund, zieht sie ein wenig auseinander, gibt in die Mitte einen Teelöffel voll von der Füllung, schlägt die Teigfleck' darüber, drückt an und formt so kartoffelähnliche Gebilde, wobei eines dem andern nicht unbedingt gleichsehen muß. Die gefüllten Teignudeln versammeln sich nun noch einmal eine Viertelstunde unter einem Tuch, bevor sie nacheinander ihr heißes Schmalzbad im Tiegel nehmen. Dort darf man sie nicht mehr aus dem Auge lassen. Manche drehen sich zu früh und von selbst um (wenn durch die Füllung z. B. der „Schwerpunkt verlagert" ist); daher muß man darauf achten, daß alle Schwimmer gleichmäßig gebräunt den Fettnapf verlassen. Besonders schön gehen sie auf, wenn man gleich nach dem Einlegen die helle Oberseite mit dem Löffel mit heißem Schmalz übergießt. Nach dem Herausnehmen werden die Gebäckstücke nacheinander in verkläpperten Eiern oder in einem sehr dünnflüssigen Pfannkuchenteig gewendet und wieder, aber diesmal nur ganz kurz, ins heiße Schmalz getan. Und jetzt sehen sie wirklich angefaulten Kartoffeln ähnlich. Die Füllung schimmert dunkel durch, sie ziehen Fäden, grad so als ob alte Erdäpfel junge Triebe kriegen würden. Aber diese würde man auf gar keinen Fall in Zimtzucker wälzen, das tut man nur mit unseren dafaiten Eröpfön.

Hasenöhrl ▷

1 Pfund Mehl
Salz
1 TL Zucker
175 g Butter
1 Ei
175 g saurer Rahm
eventuell etwas Milch
Backfett
Puderzucker

müßte man mit „Hasenöhrchen" ins Hochdeutsche und als „Löffelchen" in die Jägerspra-che übersetzen. Aber sie haben mit den Hörapparaten vom Mümmelmann nur die Form gemeinsam. Es ist zwar schon manchmal vorgekommen, daß hinterfotzige niederbayeri-sche Waidmänner ihren norddeutschen oder amerikanischen Jagdgästen echte Hasen-ohren heimlich ins Ragout geschnitten haben, die von denen mit Appetit verspeist oder aus Höflichkeit geschluckt wurden. Bayerische Konsumenten aber essen Hasenöhrl nur als Schmalzgebäck zum Kaffee. Es gibt dafür mehrere Rezepte. Mir persönlich haben die Hasenöhrl von der Nöhbauer-Mutter aus Loderham im Rottal am besten geschmeckt: An Haushaltsgeräten braucht man die Hände, einen Löffel, ein Messer, den Nudelwalker, das Teigradl und ein Nudelbrett. Auf diesem mischt man das Mehl, das Salz und den Zucker zusammen, schneidet die weiche Butter ein, gibt das Ei und den Rahm dazu und arbeitet so rasch einen halbfesten Teig. Daraus formt man zwei gut salamidicke Rollen, schneidet davon etwa 4 cm dicke Radl ab und walkt diese auf bemehltem Brett zu dünnen, runden Fleck' aus (in der „Dicke" etwa eines Buchumschlages). Dann werden die Teigfleck' zur Mitte hin eingeschlagen, also von oben und unten, von rechts und links, so daß ein „Briefkuvert" entsteht, wobei sich die Ränder auch etwas überlappen dürfen. Dieser „Briefumschlag" wird nun noch einmal ausgewalkt. Dann radelt man Dreiecke daraus und legt sie ins heiße Fett, worin sie schwimmend rundherum goldgelb gebacken werden. Die Hasenöhrl gehen nämlich in der Pfanne auf. Es entsteht ein dreidimensiona-les bayerisches Schmalzgebäck, das man der Länge, der Breite und der Höhe nach mit Puderzucker überstreut.

Kleine Topfenkrapfen (Ziegernudla)

100 g Butter
50 g Zucker
2 Eier, 40 g Hefe
etwas Milch und Zucker
400 g Topfen
300 g Mehl
3–4 EL Milch oder Rahm
Salz, Vanillinzucker
50 g Rosinen
Backfett
Zimtzucker

An das gerührte Fett gibt man den Zucker, die Eier, die in etwas Milch und Zucker aufgelöste Hefe, den Topfen, das Mehl, Milch oder Rahm, das Salz und den Vanillinzuk-ker. Der Teig wird geschlagen, bis er Blasen wirft, dann gibt man erst die Rosinen darunter, wenn überhaupt. Man stellt den Teig zum Gehen warm und sticht dann mit einem Löffel kleine Nudeln ab, die man sofort ins heiße Fett gibt. Die darin goldbraun gebackenen Krapfen läßt man gut abtropfen. Dann werden sie mit Zimtzucker überstreut und noch warm zum Kaffee aufgetischt.
Im Hotel-Gasthof „Goldenes Kreuz" in Wiggensbach bei Kempten kriegt man dazu noch eine gehaltvolle Rotwein-Soße.

Verzeichnis der Rezepte

A

Allgäuer Brezensuppe 13
Allgäuer Dorfwirtspfanne 18
Allgäuer Krautpfanne 42
Altbayerische Milzwurst 47
Altmünchner Kalbshaxe 34
Apfelstrudel 112
Aufgeschmalzene Brotsuppe 12
Ausgezogener Topfenstrudel 113
Auszogne Küachl 136

B

Bachsaiblingschnitten in Rotwein 80
Bauchstecherl 116
Bavesen 132
Bayerbacher Fischsuppe 78
Bein- und Tellerfleisch 26
Bierbratl 18
Bierkarpfen 82
Blutwurst 46, 47
Blutwurstgröstl 48
Bodensee-Blaufelchen in weißer Soße 81
Bœuf à la mode 27
Böhmische Knödel 92
Bratensulz 26
B'soffene Jungfern 134

C

Chaudeau 124
Chiemsee-Renken, gebacken 80

D

„Dafaide Eröpfö" 138
Dampfnudeln 122
Dukatennudeln 122

E

Eingemachtes Kalbfleisch 36
Erdäpfelkaas 98
Erdäpfel-Schnecken 116

F

Fasan auf Maronikraut 66
Fasan in Butter 65
Fasan in Hagebuttensoße 65
Faschingsküachl 136
Fingernudeln 104
Fischpflanzl 86
Fischrogensuppe 77
Fischsalat 88
Fischsuppe 77
Fleisch- oder Tellersulz 26

G

Gamsbraten 59
Gamsrücken mit Schwammerl 59
Gansbraten 73
Gansjung 73
Gebackene Kälberfüaß 34
Gebackener Kalbskopf 32
Gebackenes Kitzl 37
Gebeizter Hasenrücken 54
Gebratene Kalbshaxe 34
Gebratener Chiemsee-Zander 84
Gebratener Hasenrücken und -schlegel 52
Gebratener Isar-Huchen 84
Gefüllte Dalken 119
Gefüllte Flugente (Wildente) 68
Gefüllte Kalbsnuß 32
Gefüllte Kartoffelmaultaschen 118
Gefüllte Lammbrust 40
Gefüllte Polsterzipfel 134

Gefüllte Truthahnbrust 75
Gefüllter Ganskragen 74
Gefüllter Lammschlegel 40
Gegrillter Lammrücken in Biersoße 37
Geräucherte Fische 88
Germknödel mit Powidl 94
Gesottene Gans 72
Graskarpfen in Gemüse 81
Gremmel-Knödel 92
Gremmel-Strudel 112
Gründonnerstags-Suppe 8
Grüne Krapfen 108
G'schupfte Krautnudla 105
Gugelhupf 126

H

Hackbraten 42
Hasenöhrl 140
Hasenragout 52
Hauberlinge 120
Hecht in Kraut 85
Hirgstmillisuppen 14
Hirschbraten 58
Hirschfilets mit Brombeeren und
    Birnen 56
Hirschlende mit Weichseln 56
Hirschragout 58
Hollerkoch 124
Hollerküachl 132
Holzknechtschmarrn 109
Hungernudeln (Bratne Nudeln) 105

K

Kaasloaberl und Streichkaas 98
Kaiserschmarrn 110
Kalbsbraten 36
Kalbsgulasch 36